BOHO HAIR

BOHO HAIR

DIE SCHÖNSTEN FLECHTFRISUREN

DK

INHALT

Die Styles 31

VORWORT

Boho ist kein Stil im engeren Sinne, sondern eine Lebenseinstellung: modern, selbstbewusst, locker, gewürzt mit einer verspielten Prise Nostalgie. Boho-Girls sind offen für Musik, Kunst und Mode aller Stilrichtungen, sie haben Fantasie und keine Angst aufzufallen. Man trifft sie auf Festivals oder Role Plays, wo sie mit Gleichgesinnten die Freiheit, Freundschaft und Liebe feiern.

Und weil Boho-Girls sich nicht von Konventionen einengen lassen, probieren sie auch gern ungewöhnliche, lässige Frisuren aus – ausgesprochen raffiniert, aber nicht zu ordentlich. Manche halten tagelang und sehen aus, als hätte die Haarbürste Urlaub.

Erkennst du dich in dieser Beschreibung wieder? Dann sind die kreativen Flechtfrisuren in diesem Buch für dich gemacht. Vorbei sind die Zeiten der straffen Amadeuszöpfe. Hier gilt: Immer schön locker bleiben!

BASICS

EINFACHER ZOPF

Der einfache Zopf mit drei Strähnen bildet die Grundlage für viele andere Flechtfrisuren. Ein guter Grund, ihn gründlich zu üben.

1 Die Haare, die geflochten werden sollen, greifen und in drei gleich dicke Strähnen teilen.

2 Die rechte Strähne über die mittlere legen. Dabei rückt die mittlere Strähne nach rechts.

3 Nun die linke Strähne über die mittlere legen. Dabei rückt die mittlere Strähne nach links.

4 Die rechte Strähne über die mittlere legen. Dabei rückt wieder die mittlere Strähne nach rechts.

5 Die linke Strähne über die mittlere legen. Und wieder rückt die mittlere Strähne nach links.

6 Schritt 2 bis 5 bis zu den Haarspitzen wiederholen.

FISCHGRÄTENZOPF

Ein Fischgrätenzopf sieht toll aus, erfordert aber etwas Geduld, denn das Flechtmuster kommt nur richtig zur Geltung, wenn man mit sehr feinen Haarsträhnen arbeitet.

1 Die Haare in zwei gleiche Partien teilen.

2 Mit dem Zeigefinger der linken Hand von der Außenseite eine sehr dünne Strähne abteilen.

3 Die dünne Strähne zur gegenüberliegenden Partie legen und mit dieser zusammenfassen.

4 Mit dem Zeigefinger der rechten Hand von der Außenseite der linken Partie eine winzige Strähne abteilen.

5 Die dünne Strähne zur gegenüberliegenden Partie legen und mit dieser zusammenfassen.

6 Schritt 2 bis 5 bis zu den Haarspitzen wiederholen.

FRANZÖSISCHER ZOPF

Ein französischer Zopf wird ähnlich geflochten wie ein einfacher Zopf, allerdings werden nach und nach mehr Haarsträhnen hinzugenommen.

1 Den Anfang des Zopfs festlegen (hier am Oberkopf) und dort eine Partie Haare abteilen. Diese Partie in drei gleich dicke Strähnen teilen.

2 Wie beim einfachen Zopf die rechte Strähne über die mittlere legen und dabei die mittlere nach rechts verschieben.

3 Die linke Strähne über die mittlere legen. Dabei rückt die mittlere Strähne nach links.

4 Den ganzen Zopf mit der linken Hand halten, dabei trennen die Finger die Strähnen. Mit der rechten Hand von rechts eine schmale Strähne abteilen.

5 Diese schmale Strähne zur rechten Strähne des Zopfs hinzunehmen, dann die dickere rechte Strähne über die mittlere legen.

6 Den Zopf mit der rechten Hand halten. Mit der linken Hand von links eine schmale Strähne abteilen.

7 Diese dünne Strähne zur linken Zopfsträhne hinzunehmen, dann die dickere linke Strähne über die mittlere legen.

8 Den Zopf mit der linken Hand halten. Mit der rechten Hand von rechts eine schmale Strähne abteilen. Diese schmale Strähne zur rechten Strähne des Zopfs hinzunehmen, dann die rechte Strähne über die mittlere legen.

9 Den Zopf mit der rechten Hand halten. Mit der linken Hand von links eine schmale Strähne abteilen. Diese dünne Strähne zur linken Zopfsträhne hinzunehmen, dann die dickere linke Strähne über die mittlere legen.

10 Fortlaufend wiederholen, bis alle Haare integriert sind, ab da einen einfachen Zopf flechten.

HOLLÄNDISCHER ZOPF

Der holländische Zopf wird ganz ähnlich geflochten wie der französische, nur werden hier die äußeren Strähnen nicht über die mittlere gelegt, sondern unter sie.

1 Den Anfang des Zopfs festlegen (hier am Oberkopf) und dort eine Partie Haare abteilen. Diese Partie in drei gleich dicke Strähnen teilen.

2 Die mittlere Strähne über die linke legen. Dabei rückt die linke Strähne zur Mitte und liegt unten.

3 Die mittlere Strähne über die rechte legen. Dabei rückt die rechte Strähne zur Mitte und liegt unten.

4 Den Zopf mit der linken Hand halten (siehe Französischer Zopf) und mit der rechten Hand rechts vom Zopf eine dünne Strähne abteilen.

5 Diese neue Strähne zur rechten Strähne des Zopfs hinzunehmen, dann die mittlere Strähne über die rechte legen.

6 Den Zopf mit der rechten Hand halten und mit der linken Hand von links eine dünne Strähne abteilen. Diese neue Strähne zur linken Strähne des Zopfs hinzunehmen, dann die mittlere Strähne über die linke legen.

7 Den Zopf mit der linken Hand halten und mit der rechten Hand von rechts eine dünne Strähne abteilen. Diese neue Strähne zur rechten Strähne des Zopfs hinzunehmen, dann die mittlere Strähne über die rechte legen.

8 Den Zopf mit der rechten Hand halten und mit der linken Hand von links eine dünne Strähne abteilen. Diese neue Strähne zur linken Strähne des Zopfs hinzunehmen, dann die mittlere Strähne über die linke legen.

9 Fortlaufend wiederholen, bis alle Haare integriert sind, ab da einen einfachen Zopf flechten.

Diesen Zopf solltest du konzentriert flechten, sonst kann es leicht passieren, dass du die seitlichen Strähnen versehentlich über statt unter die mittlere legst.

PANCAKING

Beim Pancaking werden die geflochtenen Haarsträhnen vorsichtig aufgelockert und in die Breite gezogen. Dadurch bekommen sie mehr Volumen, und die Frisur sieht lässiger aus.

1 Das Zopfgummi mit einer Hand festhalten. Mit der anderen Hand vorsichtig die beiden direkt darüberliegenden »Schlaufen« des Zopfs erweitern.

2 Ebenso an den beiden nächsthöheren Schlaufen des Zopfs ziehen.

3 Arbeite dich langsam von unten nach oben vor, bis der ganze Zopf schön breit und füllig aussieht.

Holländischer Zopf

Ein holländischer Zopf lässt sich besonders leicht auflockern, weil die einzelnen Schlaufen gut zu sehen und leicht zu greifen sind.

vorher

nachher

Französischer Zopf

Konzentriere dich beim Pancaking eines französischen Zopfs hauptsächlich auf das einfach geflochtene Ende. Lockere aber auch die oberen Schlaufen vorsichtig auf.

vorher

nachher

Fischgrätenzopf

Sei beim Pancaking eines Fischgrätenzopfs nicht zu zaghaft. Er wirkt am schönsten, wenn er luftig und ein bisschen unordentlich aussieht.

vorher

nachher

EINFACHER KNOTEN

Bei vielen Frisuren in diesem Buch werden Zöpfe mit locker geschlungenen Knoten, auch Bun genannt, kombiniert. So gelingt ein Knoten ganz leicht.

1 Die Haare zum Pferdeschwanz zusammenbinden. Den Pferdeschwanz im Uhrzeigersinn verdrehen.

2 Beginne jetzt, den gedrehten Pferdeschwanz im Urzeigersinn um das Zopfgummi zu legen. Linkshänder arbeiten jeweils in die andere Richtung.

3 Alle 3 cm vorsichtig auflockern, damit der Knoten fülliger wird. Immer weiter um das Zopfgummi wickeln, bis nur noch ein kurzes Ende übrig ist.

4 Bobby Pins von außen zur Mitte in den Knoten stecken. Sie werden sternförmig und in gleichmäßigen Abständen angeordnet.

Die Bobby Pins nicht aufbiegen!

5 Partien des Knotens, die zu straff sitzen, etwas auflockern. Zu lockere Partien mit zusätzlichen Bobby Pins feststecken.

Die Bobby Pins sollen nicht zu sehen sein.

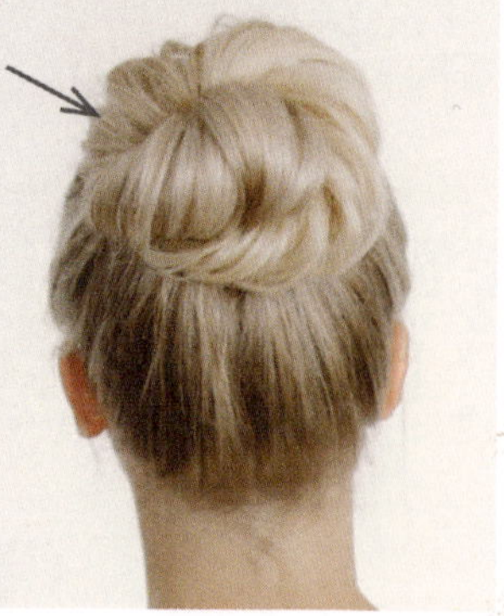

VOR DEM STYLING

Damit die Frisur gut sitzt und lange hält, kommt es auf die optimale Vorbereitung der Haare und die richtigen Hilfsmittel an. Anfang gut, alles gut!

Trockenshampoo

Mit Trockenshampoo lässt sich die nächste Haarwäsche etwas hinauszögern und es macht glatte, rutschige Haare etwas griffiger.

1 Zuerst wird Trockenshampoo auf den Scheitel gesprüht. Dafür die Sprühdose in etwa 15 cm Abstand zum Kopf halten.

2 Parallel zum ursprünglichen Scheitel weitere Haarpartien abteilen und Trockenshampoo aufsprühen.

3 Wenn alle Partien eingesprüht sind, muss das Trockenshampoo ganz trocknen. Dabei wird es pudrig weiß.

4 Zuletzt das Trockenshampoo mit den Fingern sorgfältig in die Haare einmassieren.

HILFSMITTEL

Bobby Pins

Davon brauchst du viele! Die welligen halten besser als die geraden.

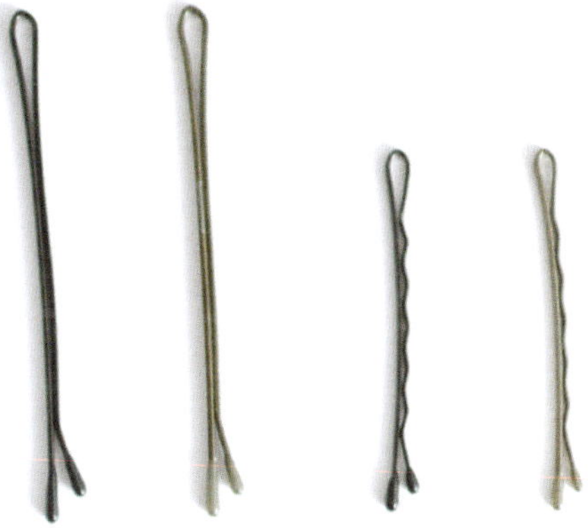

Haargummis

Nimm dünne, unauffällige Gummis für Zöpfe und dickere für den Pferdeschwanz.

BEACH WAVES

Diese weichen, lockeren Wellen sehen herrlich »unfrisiert« aus – eben Boho. Wenn Du die Haare abends stylst, wachst du morgens mit natürlich wirkenden Wellen auf.

1 Die Haare müssen ganz trocken sein. Eine Partie im Nacken abteilen, die übrigen Haare mit einem Clip auf dem Oberkopf fixieren.

2 Eine dünne Strähne der freien Partie spiralförmig von den Haarwurzeln zu den Spitzen um einen Lockenstab wickeln. 10 Sekunden erhitzen, dann lösen.

3 Eine weitere Strähne ebenso um den Lockenstab wickeln, aber in entgegengesetzter Richtung. 10 Sekunden erhitzen, dann lösen.

4 Schritt 2 und 3 wiederholen, bis die ganze untere Partie in Wellen gelegt ist.

WERKZEUG

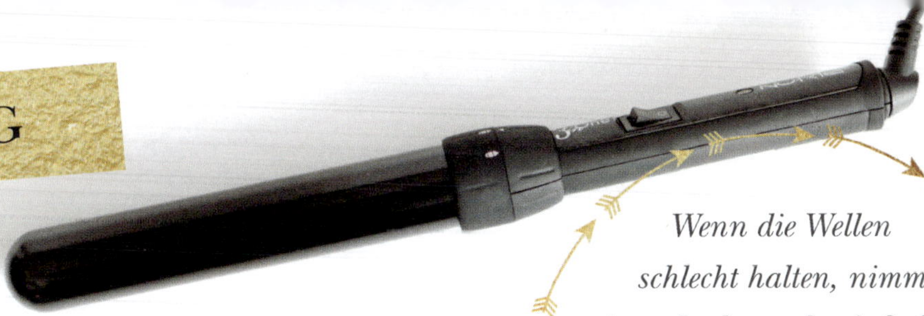

Lockenstab

Der Umfang des Lockenstabs muss auf ganzer Länge gleich sein.

Haarclips

Hält Haare aus dem Weg, während andere Partien gestylt werden.

Sprühwachs (Spray Wax)

Gibt den Wellen Textur und einen schönen Glanz.

Wenn die Wellen schlecht halten, nimm einen Lockenstab mit 2–3 cm Durchmesser. Für größere Wellen oder Haare, in denen Wellen gut halten, kann der Durchmesser 3–4 cm betragen.

5 Eine neue Partie Haare abteilen und die übrigen wieder hochstecken. Schritt 2 und 3 wiederholen, bis auch diese Partie fertig ist.

6 Arbeite dich Partie für Partie vor, bis alle Haare in Wellen gelegt sind.

7 Den Kopf nach rechts, dann nach links neigen und die Haare gleichmäßig mit Sprühwachs einsprühen.

8 Den Kopf aufrecht halten und die Wellen mit den Fingern auflockern.

TOUPIEREN

Noch fülliger und lässiger sitzen die Boho-Frisuren, wenn die Haare vor dem Flechten toupiert werden.

ZUBEHÖR

Toupierbürste

Eine Toupierbürste hat einen schmalen Kopf mit steifen Borsten in verschiedenen Längen.

Toupieren am Oberkopf

1 2 cm breite Haarsträhnen (quer zum Scheitel) abteilen. Die Toupierbürste 5 cm über der Kopfhaut ansetzen.

2 Die Haare vorsichtig Richtung Kopfhaut schieben. Die Bürste erneut ansetzen und wieder abwärts streichen. Zwei- bis dreimal wiederholen.

3 Weitere Strähnen abteilen und ebenso bürsten, bis alle Haare am Oberkopf toupiert sind.

Beach Waves toupieren

Eine Strähne mittlerer Breite mit der linken Hand halten (Linkshänder andersrum). Die Haare mit der Bürste an jeder Welle etwa 2–3 cm gegen die Wuchsrichtung schieben. Wiederholen, bis alle Wellen toupiert sind.

Das Ende eines Zopfs toupieren

Statt das Ende eines Zopfs mit einem Gummi zusammenzuhalten, kann man es auch toupieren. Einfach die Haarspitzen mit kurzen Bürstenbewegungen gegen den Strich verwirren und mit Haarspray fixieren.

SO HÄLT DER PFERDESCHWANZ

Es ist lästig, wenn ein Pferdeschwanz nicht halten will und immer rutscht – das passiert meist bei dicken, schweren, glatten Haaren. Mit einem pfiffigen Trick lässt sich das vermeiden.

1 Das Zopfgummi doppelt legen und in jedes Ende ein Bobby Pin schieben.

2 Die Haare zum Pferdeschwanz zusammenfassen.

3 Ein Bobby Pin von oben in den Pferdeschwanz stecken.

4 Den freien Bobby Pin festhalten. Das Gummi ein- oder zweimal um den Pferdeschwanz wickeln, dann den freien Bobby Pin ebenfalls von oben in den Ansatz des Pferdeschwanzes schieben.

CLIP-IN-EXTENSIONS BEFESTIGEN

Deine Haare sind für eine voluminöse Flechtfrisur nicht lang genug? Kein Problem! Zum Glück gibt es Extensions in vielen Farben, die man mit Clips einfach und unauffällig in die eigenen Haaren hineinmogeln kann.

ZUBEHÖR

Extensions

Clip-in-Extensions gibt es in verschiedenen Längen, Farben und Breiten – glatt, wellig und gelockt. Die benötigte Anzahl der Clips hängt davon ab, wie breit das Haarteil ist.

1 Die Nackenpartie abteilen. Die oberen Haare aus dem Weg stecken.

2 Die offenen Haare am Ansatz leicht toupieren. Dort werden die Extensions befestigt.

3 Die toupierten Haare mit etwas Haarspray einsprühen.

4 Die Clips der Extensions nacheinander in die toupierten Haaransätze stecken und zuschnappen lassen.

Extensions halten jahrelang, wenn sie sachgemäß behandelt und gut gepflegt werden. Nicht am falschen Ende sparen. Billige Extensions verheddern leichter und sehen oft strähnig und unnatürlich aus.

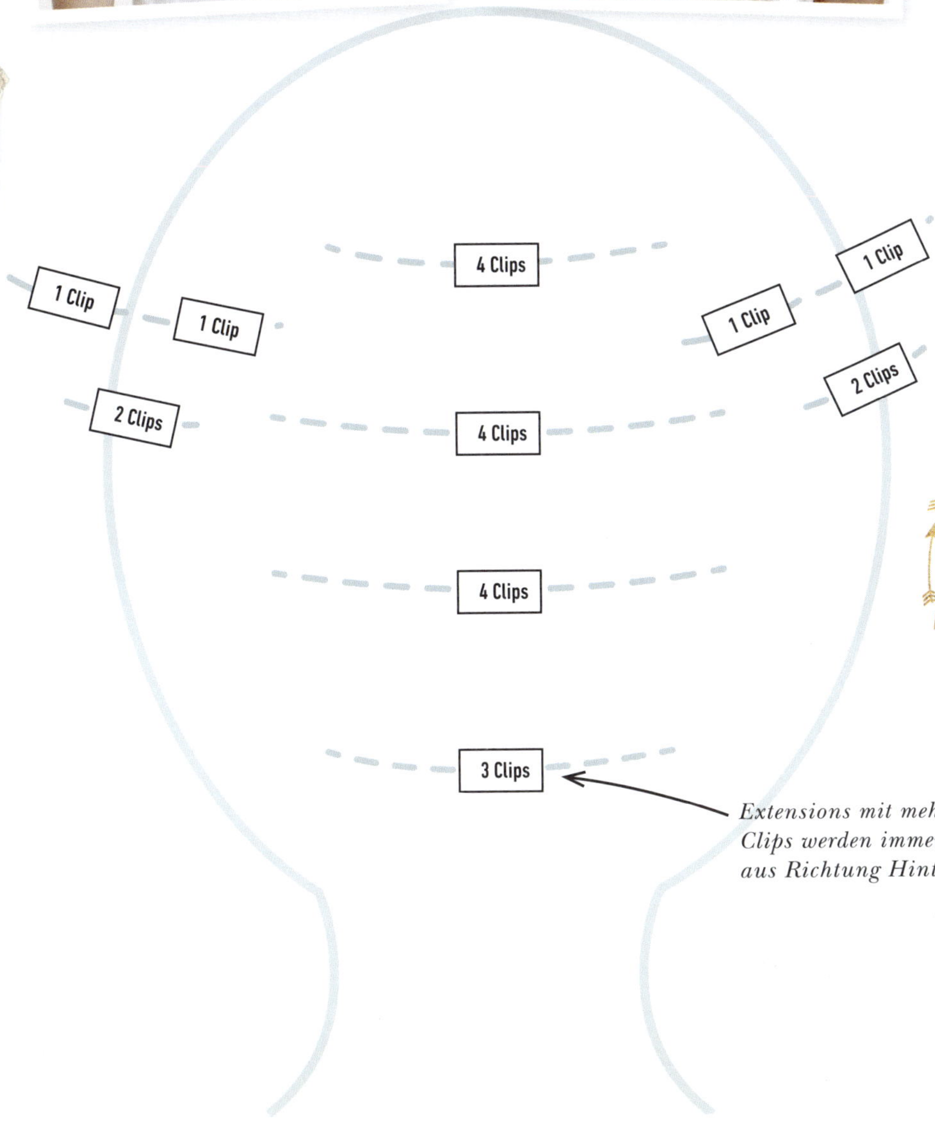

Extensions mit mehreren Reihen von Clips werden immer vom Nacken aus Richtung Hinterkopf befestigt.

Finger weg von Kunsthaar. Nur Echthaar-Extensions vertragen die Hitze von Föhn oder Lockenstab.

DER LETZTE SCHLIFF

Damit die Flechtfrisur den ganzen Tag lang hält, muss sie gut mit Bobby Pins fixiert werden. Auch Haarspray oder Sprühwachs tun viel für den sicheren Halt des Stylings.

Haarspray oder Sprühwachs?

Die Wahl des Produkts hängt davon ab, was es leisten soll. Haarspray wird normalerweise zum Fixieren der Frisur verwendet, während Sprühwachs dem Haar Struktur gibt, aber die Haare noch schwingen lässt. Sprühwachs wird nach dem Aufsprühen ins Haar eingeknetet, Haarspray muss nur trocknen.

Zum Auftragen beider Produkte die Sprühdose im Abstand von 15–20 cm zum Kopf halten. Nicht zu großzügig sprühen, sonst können sich die Haare steif, ölig oder schwer anfühlen. Grundsätzlich empfiehlt es sich, vor der ersten Verwendung die Anleitung auf der Sprühdose zu lesen.

Bobby Pins

Bobby Pins gibt es in verschiedenen Größen, Farben und Stärken. Große Klemmen eignen sich für dicke, schwere Haare, aber auch zum Feststecken großer Knoten. Kleinere können für alle Haartypen und die meisten Frisuren verwendet werden.

Wichtig ist, die Bobby Pin beim Einschieben nicht zu öffnen. Nur so erfasst sie die richtige Menge Haar. Biegt man sie auf, werden zu viele Haare in die Klemme gezwängt und sie wird unbrauchbar.

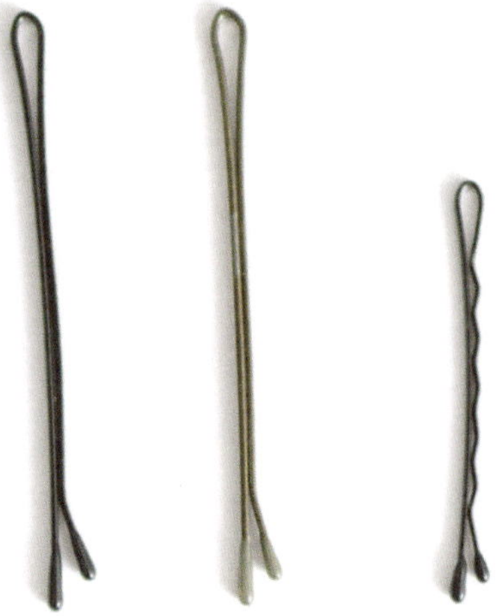

HAARSCHMUCK

Ob schlicht und edel, bunt und fröhlich, verspielt oder romantisch: Haarschmuck gibt es in allen Variationen. Mit schönen Accessoires fällt eine gekonnt geflochtene Frisur gleich noch mehr ins Auge.

Kettchen

Zarte, schwingende Kettchen sehen besonders feminin aus.

Haarbänder

Haarbänder mit mehreren geknüpften Strängen ergänzen deinen Style perfekt.

Spangen

Spangen gibt es in vielen Größen und Stilrichtungen. Dieses dreieckige Modell wirkt sachlich und modern.

Pferdeschwanz-halter

Stabiles Gummi mit gebogener Schmuckplatte

Haarreifen

Zarte Haarreifen mit filigranen Blattornamenten sind ideal für Elfenfrisuren.

Schmuckklemmen

Bobby Pins mit Blättern oder Glitzersteinen geben Halt und sehen hübsch aus.

DIE STYLES

Eins

und eins

Diese Frisur mit dem ***lockeren Knoten*** *und dem* ***schmalen Zopf*** *passt immer. Sie ist gesittet genug fürs Büro, aber auch verspielt genug für einen vergnügten Shoppingausflug mit der besten Freundin. Was immer du vorhast – damit siehst du gut aus.*

Schwierigkeitsgrad
einfach

Haarlänge (mindestens)
Schultern

Du brauchst

Lockenstab mit 3–4 cm Durchmesser

Haarclip

Großes Haargummi (transparent oder in Haarfarbe)

Kleine Haargummis (transparent oder in Haarfarbe)

Bobby Pins

Haarspray

i-Tüpfelchen
Mit einem Schmuckkamm, seitlich eingeschoben, wirkt der Knoten eleganter.

Style-Tipp

Du kannst alle Haare aus der Stirn im Knoten am Hinterkopf zusammenfassen oder einige dünne Strähnen hängen lassen, sodass sie das Gesicht noch locker einrahmen.

1 Beach Waves legen. Die Haare am Oberkopf mit einem Clip aus dem Weg halten.

2 Schräg oberhalb eines Ohrs eine schmale Strähne abteilen und daraus einen einfachen Zopf flechten. Das Ende mit einem Haargummi fixieren.

3 Den Zopf auflockern, damit er mehr Volumen bekommt.

4 Die abgeteilten Haare vom Oberkopf mit einem Haargummi zu einem lockeren Pferdeschwanz zusammenbinden.

5 Den Pferdeschwanz in sich verdrehen und zu einem lockeren Knoten schlingen. Bobby Pins von außen zur Mitte einstecken, um ihn an Ort und Stelle zu halten. Einige Strähnen aus dem Knoten und den umliegenden Haaren herauszupfen, damit er nicht zu ordentlich wirkt. Mit Haarspray fixieren.

Bobby Pins sitzen dicht an der Kopfhaut.

DER FERTIGE LOOK

Lust auf Abwechslung?

Du kannst einen oder zwei Zöpfe flechten: nebeneinander oder auf jeder Seite einen.

Style-Tipp

Wichtig ist, dass die Bobby Pins richtig sitzen. Sie werden hier immer durch die Mitte der Drehungen geschoben und dürfen sich nicht überkreuzen.

EWIGER

Sommer

Ob tagsüber im Garten oder abends am Lagerfeuer: Diese romantische Frisur mit ***gedrehten Partien*** *und einem dünnen, lockeren* ***Fischgrätenzopf*** *kannst du immer und überall tragen. Da wünscht man sich einen Sommer, der nie endet.*

Schwierigkeitsgrad
mittel

Haarlänge (mindestens)
Schulterblätter

Du brauchst
Lockenstab mit 3–4 cm Durchmesser

Bobby Pins

Kleine Haargummis (transparent oder in Haarfarbe)

Haarspray

i-Tüpfelchen
Diese kunstvolle Frisur braucht nicht viel Schmuck. Eine oder zwei Schmuckklemmen, in die gedrehte Partie gesteckt, genügen vollkommen.

1 Beach Waves legen. Auf der volleren Seite des Scheitels eine Partie abteilen. Die Haare über den Ohren hängen lassen. Die abgeteilte Strähne locker vom Gesicht weg verdrehen.

2 Mit Bobby Pins in der Mitte des oberen Hinterkopfs feststecken.

3 Unter der festgesteckten Strähne eine weitere aufnehmen, andersrum verdrehen und unterhalb der ersten Strähne mit Bobby Pins feststecken.

4 Auf der anderen Seite des Scheitels nur eine Strähne vom Gesicht weg drehen. Mit Bobby Pins feststecken.

5 Die herabhängenden Haare der zurückgesteckten Strähnen zu einem lockeren Knoten schlingen. Zum Fixieren Bobby Pins von außen zur Mitte einschieben.

6 Links vom Knoten eine Strähne abteilen und einen dünnen Fischgrätenzopf flechten. Mit einem Haargummi fixieren.

7 Den Zopf auflockern, damit er schön füllig aussieht.

8 Den Knoten und andere Partien, die zu straff sitzen, etwas auflockern. Zuletzt alles mit Haarspray fixieren.

DER FERTIGE LOOK

Lust auf Abwechslung?

Du kannst unter dem Knoten noch einen zweiten Knoten schlingen und fixieren.

CALIFORNIA Feeling

***Locker, lässig und verspielt** ist diese Frisur, die besonders gut gelingt, wenn die Haare nicht ganz frisch gewaschen sind. Einfach etwas Trockenshampoo aufsprühen, einmassieren und losflechten – und dann nichts wie raus in die Sonne!*

Schwierigkeitsgrad
mittel

Haarlänge (mindestens)
Schulterblätter

Du brauchst
- Trockenshampoo
- Kamm
- Kleine Haargummis (transparent oder in Haarfarbe)
- Bobby Pins
- Haarspray

i-Tüpfelchen
Befestige modische Haarringe in einem oder in beiden Zöpfen für etwas mehr Flair.

Style-Tipp

Am besten die Haare am Abend vorher waschen und trocknen. Am nächsten Morgen 2–3 cm breite Partien an Seiten und Oberkopf mit Trockenshampoo einsprühen – nur in Kopfhautnähe – und mit den Fingern einmassieren, bis sich die Haaransätze trocken anfühlen.

1 Die Haare mit Trockenshampoo vorbereiten. Einen tiefen Seitenscheitel ziehen.

2 Auf der volleren Seite zwischen Scheitel und Ohr eine 2–3 cm breite Strähne abteilen.

3 Hinter der abgeteilten Strähne einen holländischen Fischgrätenzopf flechten. Nach 7–8 cm keine neuen Haare mehr hinzunehmen und den Fischgrätenzopf normal beenden. Mit einem Haargummi fixieren.

4 Den Zopf auf die andere Seite klipsen. Direkt dahinter einen französischen Fischgrätenzopf flechten. Auf den ersten 7–8 cm gelegentlich Haare vor der vordersten Partie hinzunehmen.

5 Bis zum Ohr fortfahren, dann weiterflechten, ohne Haare hinzuzunehmen. Das Ende mit einem Haargummi fixieren. Den ersten Zopf wieder lösen.

6 Die vordere, lose Strähne vom Gesicht weg verdrehen. Seitlich am Hinterkopf mit dem ersten Zopf zusammen feststecken. Dafür die Bobby Pins überkreuzen.

7 Auf der anderen Seite des Scheitels eine Strähne abteilen und zum Hinterkopf führen.

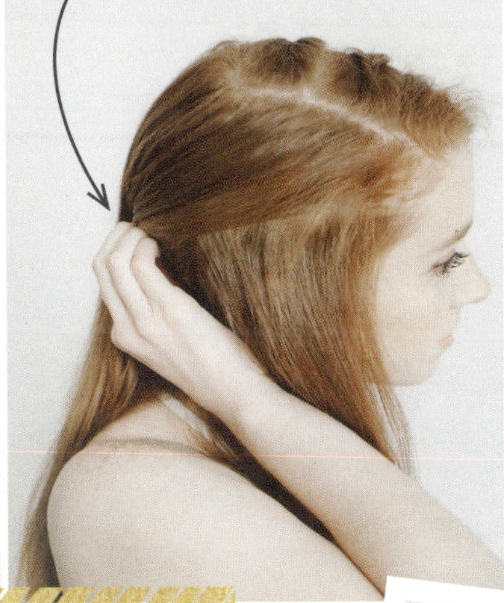

8 Diese Strähne mit den festgesteckten Partien von der anderen Seite zu einem lockeren Knoten drehen. Mit Bobby Pins feststecken und mit Haarspray fixieren.

DER FERTIGE LOOK

Lust auf Abwechslung?

Die übrigen Haare lose um den kleinen Knoten wickeln und feststecken.

BOHO
Punk

Punk ist nicht deins? Vielleicht überlegst du es dir anders, wenn du diese Flechtfrisur im ***Irokesenlook*** *siehst. Entscheide selbst, wie straff oder locker du die Haare flechten möchtest.*

Schwierigkeitsgrad
einfach

Haarlänge (mindestens)
Schultern

Du brauchst
- Haarclips
- Lockenstab mit 3–4 cm Durchmesser
- Kleines Haargummi (transparent oder in Haarfarbe)
- Haarspray

1 Für den Zopf über der Stirn eine breite Partie abteilen und aus dem Weg stecken. Die übrigen Haare in Beach Waves legen.

Die mittlere Partie kann breit oder schmal sein.

2 Die mittlere Partie bis zum oberen Hinterkopf als französischen Zopf flechten, dann normal weiterflechten. Mit einem Haargummi fixieren.

3 Den Zopf auflockern und zuletzt mit Haarspray fixieren.

Style-Tipp

Wenn der Zopf noch mehr Volumen haben soll, toupiere die Mittelpartie vor dem Flechten. Du kannst auch die herabhängenden Haare etwas toupieren – aber nicht übertreiben!

i-Tüpfelchen

Schiebe einen möglichst großen, auffälligen Ring auf den Zopf und befestige ihn mit senkrecht in den Zopf geschobenen Bobby Pins.

Style-Tipp

Zupfe den Zopf beim Flechten immer wieder auseinander. Nicht zu zaghaft sein: Auch der Zufall kann ein toller Friseur sein.

Liebes-
KNOTEN

*Kaum zu glauben: Dieser Zopf, der wie ein raffiniertes Gebilde aussieht, ist eine Variation des **französischen Zopfs**. Weil er so schnell und einfach gemacht ist, eignet er sich besonders gut für Tage, an denen man es eilig hat.*

Schwierigkeitsgrad
mittel

Haarlänge (mindestens)
Schulterblätter

Du brauchst
Lockenstab mit 3–4 cm Durchmesser
Haarclips
Kleine Haargummis (transparent oder in Haarfarbe)
Bobby Pins
Haarspray

i-Tüpfelchen
Du kannst die Seitenpartien mit einem schönen, zierlichen Haarreifen betonen.

1 Beach Waves legen. Die Haare in drei Partien teilen und mit Clips lose zusammenhalten.

2 In die mittlere Partie einen französischen Zopf flechten und das Ende mit einem Haargummi fixieren.

3 Von der vorderen rechten Partie eine Strähne mittlerer Breite abnehmen, aufwärts drehen und hinter den Kopf führen.

4 Die gedrehte Strähne durch die erste Kreuzung des französischen Zopfs schieben. Das Ende lose hängen lassen.

5 Schritt 3 und 4 mit einer Strähne von der linken Seite wiederholen.

6 Weiterhin abwechselnd auf jeder Seite eine Strähne mittlerer Breite aufnehmen, verdrehen und in den französischen Zopf stecken.

7 Wenn der untere Teil des Zopfs erreicht ist, die losen Strähnen zwischen die Flechtungen schieben. Ihre Enden mit einem Haargummi am Ende des Zopfs befestigen.

8 Die gedrehten Strähnen auflockern. Hervorstehende Spitzen mit Bobby Pins bändigen. Die Frisur mit Haarspray fixieren.

Bobby Pin in die gedrehte Strähne schieben.

i-Tüpfelchen

Ein Kranz aus Schleierkraut und silbrigen Eukalyptusblättern ist ein romantischer Schmuck für diese Frisur.

WALD-
nymphe

*Der zierliche **Flechtkranz** ist wie gemacht für einen besonderen Anlass, zum Beispiel eine Sommerhochzeit. Er sitzt tief in der Stirn und wirkt wie ein Pony.*

Schwierigkeitsgrad
mittel

Haarlänge (mindestens)
Mittlerer Rücken

Du brauchst
Lockenstab mit 3–4 cm Durchmesser
Kamm oder Bürste
Toupierbürste
Haarspray

1 Beach Waves legen. Einen tiefen Seitenscheitel ziehen.

2 Auf der volleren Seite einen holländischen Zopf flechten, aber dabei nur von oben Haare hinzunehmen.

3 Weiter über die Stirn flechten, dabei zwischendurch den unteren Teil auflockern. Wenn das Ende des Scheitels erreicht ist, keine Haare mehr hinzunehmen.

Style-Tipp

Die natürliche Spannkraft der Haare sorgt dafür, dass der Zopf über der Stirn etwas hochrutscht. Um das auszugleichen, kannst du ihn etwas tiefer flechten als er später sitzen soll. Halte die Hand, mit der du arbeitest, dahin, wo der Zopf verlaufen soll.

4 Den Zopf bis zu den Enden normal flechten, zwischendurch auflockern. Das Ende toupieren und mit Haarspray fixieren, dann braucht man kein Haargummi.

Style-Tipp

Arbeite dich beim Toupieren von vorn nach hinten vor. Teile dafür Strähnen von 2–3 cm Breite ab. Je sauberer du sie abteilst, desto einfacher ist es.

Sport-
TAUGLICH

Einfach nur ein Pferdeschwanz ist dir zu langweilig? Dann versuche es mit dieser Variante mit einem Zöpfchen. Die Frisur ist schnell gemacht und hält so gut, dass sie sogar ein Work-out problemlos mitmacht.

Schwierigkeitsgrad
einfach

Haarlänge (mindestens)
Mittlerer Rücken

Du brauchst
Lockenstab mit 3–4 cm Durchmesser
Kamm
Haarclip
Kleines Haargummi (transparent oder in Haarfarbe)
Toupierbürste
Großes Haargummi (transparent oder in Haarfarbe)
Bobby Pins
Haarspray

i-Tüpfelchen
Statt den Pferdeschwanz mit einer Haarsträhne zu umwickeln, kannst du auch eine dekorative Spange verwenden.

1 Beach Waves legen. Etwa 4 cm über dem Ohr einen kurvigen Scheitel ziehen.

Die oberen Haare aus dem Weg stecken.

2 Von den unteren Haaren vorne drei Strähnen abteilen und einen holländischen Zopf flechten, dabei nur von unten Haare hinzunehmen.

Style-Tipp

Wie ein holländischer Zopf geflochten wird, kannst du auf Seite 16–17 nachlesen.

3 Wenn keine Haare mehr hinzugenommen werden können, mit einem einfachen Zopf fortfahren. Das Ende toupieren und einsprühen oder mit einem Haargummi fixieren.

Den Zopf auflockern.

4 Die Haare am Oberkopf streifenweise toupieren. Dafür 5 cm hinter dem Stirnhaaransatz beginnen und 7 cm vor dem Nacken aufhören.

Die vorderen Haare vorsichtig mit der Bürste nach hinten streichen.

5 Alle Haare – auch den kleinen Zopf – zu einem Pferdeschwanz zusammenfassen und mit einem Gummiband fixieren. Den Pferdeschwanz etwas toupieren, dann oberflächlich mit der Bürste glätten.

DER FERTIGE LOOK

6 Eine dünne Strähne von der Unterseite des Pferdeschwanzes abteilen und zwei- oder dreimal um das Haargummi wickeln. Unter dem Pferdeschwanz mit einem Bobby Pin feststecken, mit Haarspray fixieren.

Lust auf Abwechslung?

Dreh den Pferdeschwanz zum Knoten, lege den schmalen Zopf außen herum und stecke alles mit Bobby Pins fest.

Style-Tipp

Damit eine Seite des Zopfs straff bleibt, muss die andere während des Flechtens locker aufgelockert werden – nicht erst, wenn der Zopf fertig geflochten ist. Also immer abwechselnd einige Strähnen flechten, dann zupfen und wieder flechten.

Flower
POWER

Diese romantische Frisur ist etwas ***eleganter*** *und eignet sich darum gut für* ***festliche Anlässe,*** *beispielsweise eine Hochzeit oder einen Ball. Sie ist ganz einfach zu stylen und funktioniert mit allen Haartypen.*

Schwierigkeitsgrad
einfach

Haarlänge (mindestens)
Mittlerer Rücken

Du brauchst
Kleine Haargummis (transparent oder in Haarfarbe)
Toupierkamm
Bobby Pins

i-Tüpfelchen
Mit winzigen Haargreifern, die in die »Blütenblätter« geclipst werden, sieht die Frisur verspielt und mädchenhaft aus.

1 Am hinteren Oberkopf drei Strähnen mit Haargummis zusammenbinden. Die Haare über den Ohren bleiben offen.

2 Die mittlere Strähne zum einfachen Zopf flechten. Dabei nur eine Seite auflockern, die andere Seite bleibt straff. Das Ende des Zopfs toupieren und einsprühen, um es zu sichern.

3 Den Zopf von unten nach oben aufrollen, dabei liegt die straff geflochtene Seite innen. So entsteht eine »Blüte«. Mit Bobby Pins am Oberkopf über dem Haargummi feststecken.

4 Schritt 2 und 3 mit den beiden anderen Strähnen wiederholen. Die Zöpfe aufrollen und den mittleren etwas überlappend feststecken.

DER FERTIGE LOOK

Lust auf Abwechslung?
Wie wäre es mit zwei Knoten, die übereinander angeordnet sind?

Perlen-
KETTE

Dies ist eine Frisur für absolute ***Einsteigerinnen****, weil im Grunde gar nicht geflochten wird. Außerdem hält der falsche Zopf bemerkenswert gut. Perfekt für einen vergnügten Mädelsabend oder ein zwangloses Treffen mit Freunden.*

Schwierigkeitsgrad
einfach

Haarlänge (mindestens)
Mittlerer Rücken

Du brauchst
Bürste
Großes Haargummi (transparent oder in Haarfarbe)
Kleine Haargummis

i-Tüpfelchen
Ein schmales Blütenkränzchen im Hippiestil passt wunderbar dazu.

Style-Tipp

Um Haarschäden zu vermeiden, die Gummibänder nicht herausziehen, sondern durchschneiden.

1 Alle Haare tief im Nacken zu einem lockeren Pferdeschwanz zusammenbinden.

2 Die Haare über dem Gummiband in zwei Hälften teilen. Dafür Daumen und Zeigefinger von unten durchschieben.

3 Den Pferdeschwanz von oben nach unten durch die so entstandene Öffnung führen und komplett durchziehen.

4 Den Pferdeschwanz teilen und die Hälften vorsichtig nach außen ziehen, um ihn zu straffen.

5 Die Haare über dem Gummiband etwas auflockern, um die Lücke über dem Gummiband zu schließen.

6 5–8 cm tiefer den Pferdeschwanz wieder mit einem Gummiband zusammenhalten. Daumen und Zeigefinger durchstecken und den Pferdeschwanz durchziehen.

7 Die gedrehten Haare über dem Gummiband etwas auflockern, um die Lücke zu schließen. Schritt 6 und 7 wiederholen, bis das Ende des Pferdeschwanzes erreicht ist.

DER FERTIGE LOOK

i-Tüpfelchen

Mit einem oder mehreren Haarketten, die am Oberkopf mit Pins befestigt werden, wirkt die Frisur einfach märchenhaft.

7 IDEEN FÜR MUTIGE

Magst du Herausforderungen? Wenn du etwas Übung im Flechten hast und auf der nächsten Party mit einer einzigartigen Frisur auffallen willst, solltest du diese Styles in dein Repertoire aufnehmen.

BUNT VERBANDELT
Eigentlich nur einfache Zöpfe! Für das gewisse Etwas sorgen bunte Bänder, die eingeflochten werden.

LIEBESKNOTEN
Ideal für alle, die Lust haben, einen französischen Zopf zum Kunstwerk auszuarbeiten.

WILDFANG
Ein Irokesenzopf, ein halber Knoten und seitliche Zöpfchen – alles drin. Was will man mehr?

ZWEIERLEI KRÄNZE

Je mehr Zöpfe, desto mehr Aufsehen. Hier kommen zwei verschiedene Flechttechniken zum Einsatz.

BUBBLES

Ein traditioneller Pferdeschwanz, mal zu witzigen »Blasen« zusammengeschnürt.

FÜNFERZOPF

Für diesen Zopf aus fünf Strähnen braucht man Fingerspitzengefühl und etwas Übung.

FLECHTMATRIX

Die vielschichtige Komposition aus einem Fischgrätenzopf besticht durch ihre Raffinesse.

Kleiner

WASSERFALL

Kann eine Frisur ***Ruhe*** *ausstrahlen? Diese kann es! Ein Wasserfallzopf ist nicht ganz einfach zu flechten und erfordert Sorgfalt, aber die fertige Frisur passt zu vielen Gelegenheiten und macht garantiert Eindruck.*

Schwierigkeitsgrad
anspruchsvoll

Haarlänge (mindestens)
Schultern

Du brauchst
Lockenstab mit 3–4 cm Durchmesser
Kleine Haargummis (transparent oder in Haarfarbe)
Haarspray

i-Tüpfelchen
Verspielt und mädchenhaft wird der Zopf, wenn du kleine Blüten hineinsteckst.

Style-Tipp

Für einen Wasserfallzopf musst du sorgfältig flechten und dich auf jeden Schritt konzentrieren. Übe zuerst an einer Freundin – so siehst du besser, was du tust.

1 Beach Waves legen. Das vordere Deckhaar auf einer Seite des Kopfs in drei schmale Strähnen teilen.

2 Die rechte Strähne über die mittlere legen.

3 Die linke Strähne über die neue (in Schritt 2 entstandene) mittlere legen.

4 Die rechte Strähne über die mittlere legen.

5 Am Scheitel eine neue Strähne aufnehmen und ebenfalls über die mittlere legen. Die in Schritt 4 geflochtene Strähne loslassen.

6 Die linke Strähne über die mittlere legen. Dann die rechte Strähne über die mittlere legen.

7 Am Scheitel eine neue Strähne aufnehmen, ebenfalls über die mittlere legen. Die in Schritt 6 eingeflochtene Strähne loslassen.

8 Fortlaufend fast bis zum Hinterkopf wiederholen, dann mit einem einfachen Zopf fortfahren. Mit einem Haargummi und mit Haarspray fixieren.

Lust auf Abwechslung?

Wasserfall-Zöpfe auf beiden Seiten flechten und am Hinterkopf zusammenbinden.

BEST
Friends

*Dünne **Zöpfe** und eine locker **zurückgesteckte Strähne** sind die Zutaten zu dieser einfachen Frisur. Entscheide selbst, wie ordentlich oder lässig sie aussehen soll. Oder probiere verschiedene Positionen der Zöpfe aus.*

Schwierigkeitsgrad
einfach

Haarlänge (mindestens)
Schultern

Du brauchst
Kleine Haargummis (transparent oder in Haarfarbe)
Bobby Pins
Haarspray

i-Tüpfelchen
Eine dreieckige Spange hält die Frisur schön zusammen und verdeckt geschickt die Bobby Pins.

Style-Tipp

Bei dieser Frisur kannst du selbst entscheiden, wie dick oder dünn die Zöpfe sein sollen. Dünne Zöpfe erinnern vage an Dreadlocks, dickere Zöpfe sehen femininer aus.

1 Einen Seitenscheitel ziehen und auf der volleren Seite zwei dünne Zöpfe flechten. Die Enden mit Haargummis zusammenbinden.

Die Zöpfe sitzen mittig auf dem Oberkopf und rechtwinklig zum Scheitel.

2 Die Zöpfe am oberen Hinterkopf zusammenstecken. Dafür die Bobby Pins seitlich in die Zöpfe schieben.

3 Beidseitig an den Schläfen eine Strähne greifen, aber einige Haare direkt am Gesicht hängen lassen.

4 Die Strähnen unterhalb der Zöpfe am Hinterkopf über Kreuz legen und feststecken.

Die Strähnen verdecken die Bobby Pins der Zöpfe.

5 Von rechts und links Bobby Pins einschieben, um die zurückgenommenen Strähnen festzuhalten.

Mit den Bobby Pins über den Strähnen ein paar Haare fassen und unter den Strähnen einstecken.

6 Die Haargummis aufschneiden und die Zöpfe bis zur Kreuzung wieder entflechten. Zuletzt die Kreuzungsstelle mit Haarspray fixieren.

DER FERTIGE LOOK

Lust auf Abwechslung?

Du kannst die herabhängenden Haare bis zur halben Länge zu lockeren Zöpfen flechten. Fixiere beide zusammen mit einem Haargummi und umwickle es mit einer dünnen Haarsträhne.

Sonnen-

GÖTTIN

Mit den ***gekreuzten Zöpfen*** *über dem lockeren* ***Knoten*** *ist diese Frisur einer Artemis oder Aphrodite würdig. Ob der Anlass förmlich oder zwanglos ist: Bewunderung wirst du immer ernten.*

Schwierigkeitsgrad
einfach

Haarlänge (mindestens)
Schulterblätter

Du brauchst
Haarclips
Kleine Haargummis (transparent oder in Haarfarbe)
Großes Haargummi (transparent oder in Haarfarbe)
Bobby Pins
Haarspray

i-Tüpfelchen
Ein Haarkamm mit einem großen Blattornament ist ein toller Schmuck, der dem Knoten zusätzlichen Halt gibt.

Style-Tipp

Wenn nach dem Feststecken der Zöpfe auf dem Knoten noch lange Enden übrig sind, wickelt man sie unter dem Knoten um das Gummi und befestigt sie mit Bobby Pins.

1 Die Haare mit den Fingern in drei Partien teilen wie abgebildet. Alle getrennt feststecken.

2 Auf jeder Seite einen holländischen Zopf flechten. Die Haare auf der Kopfkrone nicht mit einflechten. Jeden Zopf mit einem Haargummi fixieren.

3 Die Haare vom Oberkopf und vom Hinterkopf im Nacken mit einem Gummi zu einem Pferdeschwanz zusammenbinden.

4 Den Pferdeschwanz locker in sich verdrehen und zu einem weichen Knoten, einem *messy bun*, formen. Mit Bobby Pins feststecken.

5 Die beiden Zöpfe auflockern, damit sie mehr Volumen bekommen.

6 Den rechten Zopf oberhalb des Knotens legen und von außen nach innen mit Bobby Pins befestigen.

7 Den linken Zopf über den ersten legen und das Ende unter den Knoten schieben. Mit Bobby Pins feststecken.

Die Haargummis unter den Zöpfen verstecken.

8 Die Haare an der Krone des Kopfes auflockern. Die Frisur mit Haarspray fixieren.

DER FERTIGE LOOK

Lust auf Abwechslung?

Lass die Haare im Nacken locker herabhängen und schlinge den Knoten nur aus den Zöpfen und den Haaren vom Oberkopf.

Style-Tipp

Bei dieser Frisur kannst du mit den Texturen spielen. Lass das Glättserum weg, wenn die Haare nicht so ordentlich aussehen sollen, oder leg sie vor dem Flechten mit einem Lockenstab in Wellen.

Hippie-
SOMMER

Mit dieser Frisur mit ***glattem Oberkopf*** *und* ***seitlichen Zöpfen*** *behältst du auch bei größter Hitze einen kühlen Kopf. Sie ist ideal für Konzerte und Festivals im Hochsommer. Am besten gelingt sie in glatten, frisch gewaschenen und trockenen Haaren, aber die Zöpfe eignen sich auch für andere Haartypen.*

Schwierigkeitsgrad
einfach

Haarlänge (mindestens)
Mittlerer Rücken

Du brauchst
- Kamm
- Glätteisen
- Glättserum
- Kleine Haargummis (transparent oder in Haarfarbe)
- Trockenshampoo

i-Tüpfelchen
Perfekt für den Hippie-Look: ein Schmuckband, das tief in der Stirn sitzt.

1 Die Haare – vor allem an den Ansätzen – mit dem Glätteisen sorgfältig glätten.

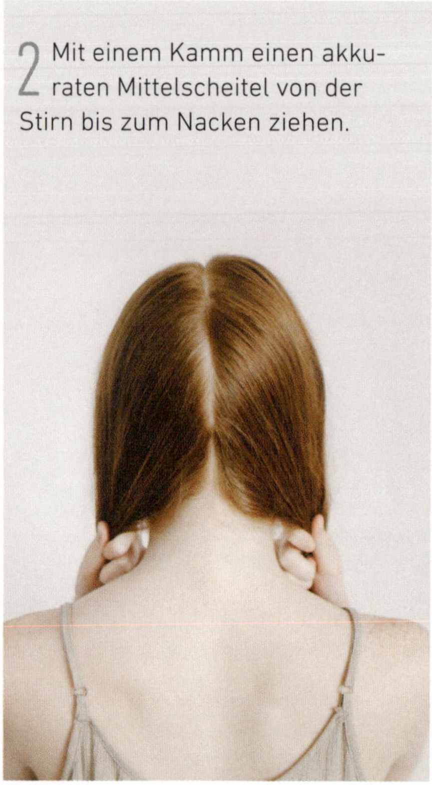

2 Mit einem Kamm einen akkuraten Mittelscheitel von der Stirn bis zum Nacken ziehen.

3 Die Haare direkt hinter den Ohren mit Gummibändern zu Rattenschwänzen zusammenbinden. Die Ohren sind zur Hälfte bedeckt.

Am Scheitel eine kleine Menge Glättserum auftragen.

4 Trockenshampoo auf die Rattenschwänze sprühen und mit den Fingern einmassieren, damit die Haare griffiger werden.

5 Auf jeder Seite bis zu den Haarspitzen einen Fischgrätenzopf flechten. Mit kleinen Haargummis fixieren.

Immer nur kleine Haarsträhnen hinzunehmen.

6 Die Zöpfe vorsichtig auflockern. Entscheide selbst, wie viel!

i-Tüpfelchen

Ein Schlapphut aus Filz ist das ideale Accessoire im Hippiestil.

DER FERTIGE LOOK

NIXEN-
zopf

Wer sich – ganz ohne Bad im Meer – wie eine Meerjungfrau fühlen möchte, sollte diese Frisur ausprobieren. Lange, weiche ***Wellen*** *und ein* ***Fischgrätenzopf*** *ergeben einen Look, den du am Strand oder am Pool tragen kannst.*

Schwierigkeitsgrad
mittel

Haarlänge (mindestens)
Schultern

Du brauchst
- Lockenstab mit 3–4 cm Durchmesser
- Haarclips
- Extension mit drei Clips
- Kleines Haargummi (transparent oder in Haarfarbe)
- Bobby Pins
- Haarspray

i-Tüpfelchen
Drei kleine Pins mit Schmucksteinen sehen hübsch aus und geben dem Zopf zusätzlichen Halt.

Style-Tipp

Der Zopf verrutscht nicht, wenn du seine Unterseite und den Bereich, auf dem er liegen soll, mit Haarspray für extrastarken Halt einsprühst.

1 Beach Waves legen. Alle Haare vom Oberkopf abteilen und aus dem Weg stecken. Vorne etwa 5 cm frei lassen.

2 Die Clip-in-Extension am Ansatz der herabhängenden Haare befestigen.

3 Die Extension zusammen mit einigen eigenen Haaren vorsichtig zur rechten Seite halten.

4 Aus diesen Haaren einen Fischgrätenzopf flechten. Das Ende mit einem Haargummi fixieren, dann den Zopf etwas auflockern.

5 Den Fischgrätenzopf um den Kopf legen. Das Ende hinter dem Ohr mit Bobby Pins kreuzweise feststecken.

6 Die Oberkopfhaare lösen. Sie verdecken hinten den Ansatz der Extensions inklusive Bobby Pins. Den Zopf mit weiteren Bobby Pins feststecken, damit er nicht verrutscht. Zuletzt alles mit Haarspray fixieren.

DER FERTIGE LOOK

Lust auf Abwechslung?

Die Haare im Nacken zu einem lockeren Pferdeschwanz zusammenbinden.

Style-Tipp

So geht Boho! Lange Haare dürfen weich über den Rücken fallen, während die kleinen Zöpfe das Gesicht frei halten. Um das Gesicht herum einige Strähnen hängen lassen oder nach dem Frisieren herauszuzupfen!

TRAUM-
fänger

Hier dürfen lange Haare wallen, und das Gesicht ist trotzdem frei. So eine Frisur ist ***praktisch*** *für den Urlaub, sie kann aber auch mit Locken für einen festlichen Anlass aufgepeppt werden.*

Schwierigkeitsgrad
mittel

Haarlänge (mindestens)
Mittlerer Rücken

Du brauchst
Bürste
Lockenstab mit 3–4 cm Durchmesser
Kleine Haargummis (transparent oder in Haarfarbe)

i-Tüpfelchen
Eine große, dekorative Spange verdeckt das obere Haargummi und ist ein toller Blickfang.

1 Beach Waves legen und einen Mittelscheitel ziehen.

2 Vorn auf einer Seite des Scheitels eine dreieckige Partie abteilen und einen französischen Zopf flechten. Den Zopf zwischendurch auflockern.

Um das Gesicht herum einige dünne Strähnchen hängen lassen.

3 Wenn das Ohr erreicht ist, keine neuen Haare mehr hinzunehmen. Bis zu den Haarspitzen einen Fischgrätenzopf flechten und fixieren.

4 Schritt 2 und 3 auf der anderen Seite des Kopfs wiederholen.

5 Die beiden Zöpfe in der Mitte des Hinterkopfs mit einem Haargummi zusammenhalten.

6 Die Gummibänder in den Spitzen der Zöpfe durchschneiden und die Zöpfe bis zum oberen Gummiband lösen.

7 Nun aus den zusammengebundenen Haaren einen einzelnen Fischgrätenzopf flechten. Zwischendurch auflockern. Mit einem kleinen Haargummi fixieren.

Lust auf Abwechslung?

Den einzelnen Fischgrätenzopf zu einem lockeren Knoten schlingen, der das obere Gummiband verdeckt.

DER FERTIGE LOOK

Herz-

DAME

Dieser klassische ***Zopfkranz*** *sieht nobel aus, dabei ist er ganz einfach zu flechten – ideal für Tage, an denen die Zeit knapp ist. Ein gelungenes Zusammenspiel von Stil und Funktion!*

Schwierigkeitsgrad
einfach

Haarlänge (mindestens)
Mittlerer Rücken

Du brauchst
Haarclips
Kleine Haargummis (transparent oder in Haarfarbe)
Bobby Pins
Haarspray

i-Tüpfelchen
Magst du es romantisch? Dann stecke kleine Blüten und grüne Blätter in die Flechtkrone.

Style-Tipp

Weicher wirkt die Frisur, wenn du ums Gesicht herum einige Strähnen hängen lässt und in Wellen legst. Falls sie später stören, kannst du sie immer noch unter die Zöpfe stecken.

1 Die Haare im Nacken mit den Fingern in zwei Hälften teilen; keinen strengen Scheitel ziehen.

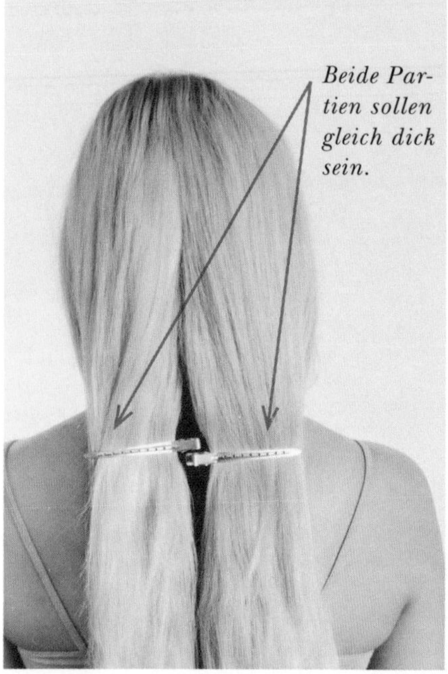

2 Jede Partie zu einem einfachen Zopf flechten – tief im Nacken und möglichst dicht beieinander. Die Enden mit Haargummis fixieren.

3 Die Zöpfe auflockern, damit sie schön füllig aussehen.

4 Den linken Zopf unter den rechten und dann um den Kopf legen.

5 Das Ende auf dem Oberkopf mit gekreuzten Bobby Pins feststecken.

6 Den rechten Zopf in der anderen Richtung um den Kopf legen. Das Ende unter den ersten Zopf schieben und mit Bobby Pins feststecken.

7 Die Zöpfe nochmals auflockern und mit einigen Bobby Pins feststecken, damit sie nicht verrutschen. Zuletzt mit Haarspray einsprühen.

Lust auf Abwechslung?

Flechte zusätzlich zwei dünne, feste Zöpfe, die du neben der dicken Zopfkrone feststeckst.

DER FERTIGE LOOK

1 Von der Stirn bis zum Nacken einen Mittelscheitel ziehen. Beide Partien mit Clips festhalten.

2 Die Seiten nacheinander lösen und die Haare zu einem holländischen Zopf flechten. Die Enden mit Haargummis fixieren.

3 Beide Zöpfe von unten nach oben auflockern, damit sie mehr Volumen bekommen.

4 Allzu lockere Schlaufen mit Bobby Pins feststecken. Die Frisur mit Haarspray fixieren.

Style-Tipp

Wenn das Haar stufig geschnitten ist, stehen nach dem Flechten vielleicht einige Enden aus den Zöpfen heraus. Das macht nichts – beim Boho-Style kommt es nicht auf Perfektion an.

Rapunzel

Dies ist eine Frisur für ***sehr lange Haare****. Nach dem Flechten ist es wichtig, die holländischen Zöpfe breit aufzuzupfen. Im besten Fall ist sogar der Scheitel bedeckt.*

Schwierigkeitsgrad
mittel

Haarlänge (mindestens)
Taille

Du brauchst
Haarclips
Kleine Haargummis (transparent oder in Haarfarbe)
Bobby Pins
Haarspray

Style-Tipp

Weiche Wellen gelingen auch ohne Lockenstab. In die frisch gewaschenen, nassen Haare eine gute Portion Föhnlotion einmassieren, dann die Haare beim Föhnen ordentlich kneten. Nach dem Flechten alles mit Haarspray fixieren und noch einmal durchkneten.

DOPPEL-
geflecht

*Diese raffinierte Frisur sieht aus wie ein **Masterpiece**, dabei besteht sie nur aus kleinen Ährenzöpfen und einem dicken französischen Zopf. Ob zur bequemen Jeans oder zum kleinen Schwarzen: Eindruck macht sie auf jeden Fall!*

Schwierigkeitsgrad
mittel

Haarlänge (mindestens)
Mittlerer Rücken

Du brauchst
- Lockenstab mit 3–4 cm Durchmesser
- Trockenshampoo (optional)
- Bobby Pins
- Kleine Haargummis (transparent oder in Haarfarbe)
- Toupierbürste
- Haarspray

i-Tüpfelchen
Um die quer verlaufenden Ährenzöpfe zu betonen, wurden direkt darunter Spangen mit goldfarbenen Federn befestigt.

1 Beach Waves legen. Wenn die Haare dünn oder sehr glatt sind, hilft Trockenshampoo.

2 Die Haare mit den Fingern nach hinten kämmen. Über jedem Ohr eine kleine Strähne abteilen und aus dem Weg stecken.

3 Von der Stirn nach hinten einen französischen Zopf mit dicken Strähnen flechten, bis etwa die Hälfte der Haare eingeflochten ist.

4 Mit einem einfachen Zopf fortfahren und diesen nach etwa 8 cm mit einem Haargummi fixieren.

5 Ab dem Gummiband einen Fischgrätenzopf flechten. Mit Haargummi fixieren. Das Gummi in der Mitte aufschneiden und den Fischgrätenzopf auflockern.

6 Die in Schritt 2 abgeteilten Strähnen zu Ährenzöpfe flechten. Die Enden toupieren, um sie zu fixieren.

7 Den rechten Fischgrätenzopf über den Hinterkopf legen und hinter dem linken Ohr feststecken.

8 Den linken Fischgrätenzopf nach rechts über den Hinterkopf legen und das Ende hinter dem rechten Ohr feststecken. Mit Haarspray fixieren.

Lust auf Abwechslung?

Du kannst auch alle Haare in den dicken Zopf im Nacken einflechten.

DER FERTIGE LOOK

ZWEIERLEI

Kränze

Ein Mix aus verschiedenen Zöpfen sieht immer interessant aus. Hier sind ein ***holländischer Zopf*** *und ein voluminöser* ***Fischgrätenzopf*** *wie Ringe um den Kopf gelegt und im Nacken zu einem lockeren Knoten verschlungen.*

Schwierigkeitsgrad
anspruchsvoll

Haarlänge (mindestens)
Schulterblätter

Du brauchst
Haarclips
Kleine Haargummis (transparent oder in Haarfarbe)
Großes Haargummi (transparent oder in Haarfarbe)
Haarspray

i-Tüpfelchen
Ein beschlagenes Lederband mit Druckknopfverschluss hält den Knoten zusammen und versteckt das Gummiband.

Style-Tipp

Haarspitzen, die frech vorstehen, sind der Clou an dieser Frisur. Der Knoten soll aussehen, als würden sich einige Strähnen der Herrschaft der Bobby Pins hartnäckig widersetzen.

1 Einen tiefen Seitenscheitel ziehen. Auf der volleren Seite vorn eine Partie abteilen und mit einem Clip zusammenhalten.

2 Direkt daneben eine schmalere Partie abteilen und ebenfalls festclippen.

Die zweite Partie ist halb so breit wie die erste.

3 Mit der Partie am Gesicht einen holländischen Zopf flechten. Das Ende mit einem Gummiband fixieren.

4 Mit der schmaleren Partie einen Fischgrätenzopf flechten. Mit einem Gummiband fixieren.

5 Beide Zöpfe auflockern, bis sie sich berühren.

6 Alle Haare inkl. Zöpfe im Nacken zusammenbinden. Die Zopfgummis entfernen und die Haare bis zum großen Haargummi wieder lösen.

7 Ein zweites Gummi um den Pferdeschwanz legen. Den Pferdeschwanz nur teilweise durchziehen.

8 Das Gummi nochmals um einen Teil der durchgezogenen Haare schlingen, sodass ein *messy bun* entsteht.

9 Den Knoten mit einer Hand halten. Die Haare am Hinterkopf vorsichtig strähnchenweise mit der anderen Hand lockern. Alles mit Haarspray fixieren.

DER FERTIGE LOOK

Lust auf Abwechslung?

Du kannst auf den Knoten verzichten und den Pferdeschwanz offen lassen. Umwickle dann das Gummi mit einer Haarsträhne.

7 IDEEN FÜR EILIGE

Hand aufs Herz: Wer hat schon jeden Morgen eine halbe Stunde Zeit für die Haare? Wer es eilig hat oder nur eine praktische Frisur zum Sport braucht, sollte diese Ideen ausprobieren.

PERLENKETTE
Keine Zeit für einen richtigen Zopf? Hier werden die Haare nur durchgezogen. Ruckzuck fertig.

SPORTTAUGLICH
Wer etwas Übung hat, schafft diesen Pferdeschwanz mit kleinen Zöpfchen im Handumdrehen.

HERZDAME
Der Kranz aus zwei einfachen Zöpfen ist einfach zu flechten und in weniger als 10 Minuten fertig.

RAPUNZEL
Wer holländische Zöpfe flechten kann, wird diesen Stil lieben. Tolle Optik ohne Tricks – versprochen!

PUR & SCHLICHT
Keine Zeit für einen französischen Zopf? Dann ist diese gedrehte Variante die Lösung!

LADYLIKE
Was aussieht wie ein eleganter Knoten, besteht in Wirklichkeit aus vier simplen Zöpfen.

LÄSSIG & CHIC
Dieser füllige Nackenzopf ist schnell gemacht: Pferdeschwanz binden, flechten, fertig.

Bunt

VERBANDELT

Diese Frisur erinnert an die komplizierten Flechtkreationen der Renaissance – aber mit einer zwanglosen Prise Boho. Mehrere ***Zöpfe*** *sind gekonnt* ***verschlungen****, aber der Clou sind die eingeflochtenen* ***Bänder****. Damit sorgst du garantiert für Aufsehen.*

Schwierigkeitsgrad
mittel

Haarlänge (mindestens)
Schulterblätter

Du brauchst
Haarclips
Großes Haargummi (transparent oder in Haarfarbe)
Kleine Haargummis (transparent oder in Haarfarbe)
5–6 m Band
Schere
Bobby Pins
Haarspray

Style-Tipp

Am schönsten sind Bänder in verschiedenen Farben und Breiten. Wer ganz verwegen ist, kann die Bänder erst flechten und dann in den Knoten einarbeiten.

1 Die vorderen Haare abteilen und aus dem Weg stecken. Am Hinterkopf eine viereckige Partie abteilen und mit einem Gummi zusammenbinden.

2 Ein Stück Band (doppelt so lang wie der Pferdeschwanz) durch das Gummi ziehen, sodass beide Enden gleich lang sind.

3 Den Pferdeschwanz in drei Strähnen teilen und zu einem einfachen Zopf flechten. Das Ende mit einem Gummi fixieren.

4 Die restlichen hinteren Haare zu vier Pferdeschwänzen binden. Vier Bänder jeweils in doppelter Länge zuschneiden und durch die Haargummis ziehen.

5 Jeden Pferdeschwanz in drei Strähnen teilen, dabei die Bänder zu den äußeren Strähnen nehmen, und flechten. Mit Haargummis fixieren.

6 Die vordere Haarpartie lösen. Den mittleren Teil dieser Haare vom hinteren Oberkopf aus ohne Band locker flechten; das Ende mit einem Haargummi fixieren.

7 In jede der vorderen Partien zwei Zöpfe flechten, ebenfalls ohne Band. Mit Haargummis fixieren. Du hast jetzt insgesamt zehn Zöpfe.

8 Alle Zöpfe etwas auflockern, sodass die Bänder gut zu sehen sind.

9 Die drei Zöpfe am Oberkopf aus dem Weg stecken, den dicken Bänderzopf hängen lassen. Die vier dünnen Zöpfe von vorne hinten über dem Hauptzopf kreuzen ...

10 ... und mit gekreuzten Bobby Pins feststecken.

11 Alle zehn Zöpfe zusammen zu einem lockeren Knoten schlingen.

12 Den Knoten mit Bobby Pins feststecken. Die Bänder nochmals etwas herauszupfen, damit sie gut zu sehen sind. Alles mit Haarspray fixieren.

Style-Tipp

Bei stufig geschnittenen Haaren stehen wahrscheinlich überall kleine Spitzen aus dem Zopf heraus. Sprühe sie mit Sprühwachs ein, dann schmiegen sie sich williger an.

Gobelin

Dieses üppige Geflecht sieht unglaublich kunstvoll aus. Dabei ist es ganz simpel, denn es besteht nur aus ***einfachen Zöpfen*** *– aber das brauchst du Bewunderern ja nicht zu verraten!*

Schwierigkeitsgrad
einfach

Haarlänge (mindestens)
Mittlerer Rücken

Du brauchst
Haarclips
Kleine Haargummis (transparent oder in Haarfarbe)
Haarspray

i-Tüpfelchen
Die Kämmchen einer Haarkette über den Ohren befestigen. Das Schmuckelement in der Mitte betont die zusammenlaufende Flechtkreation.

1 Die gesamten Haare im Nacken in drei gleiche Partien teilen. Jede mit einem Clip zusammenhalten.

Keine geraden Scheitel ziehen.

2 Einen Clip lösen, die Haare zu einem einfachen Zopf flechten und mit einem Gummi fixieren. Mit den beiden anderen Partien wiederholen.

3 Die drei Zöpfe miteinander verflechten. Den dicken Gesamtzopf mit einem Haargummi fixieren.

4 Einzelne Schlaufen herauszupfen, damit der Zopf fülliger und etwas unregelmäßig aussieht.

5 Die Gummis der einzelnen Zöpfe durchschneiden, falls sie zu sehen sind. Zuletzt mit Haarspray fixieren.

DER FERTIGE LOOK

Lust auf Abwechslung?

Statt einfacher Zöpfe kannst du auch französische Zöpfe ab dem Nacken miteinander verflechten.

ROCKIG & feminin

Darf es eine Prise Punk sein? Aber nicht übertrieben, und vor allem schön einfach zu stylen? Dann ist diese ***Variante des wippenden Pferdeschwanzes*** *genau richtig. Die Frisur hält in frisch gewaschenem Haar, aber auch zwei Tage später mit etwas Trockenshampoo.*

Schwierigkeitsgrad
einfach

Haarlänge (mindestens)
Mittlerer Rücken

Du brauchst
Lockenstab mit 3–4 cm Durchmesser
Bobby Pins
Kleine Haargummis (transparent oder in Haarfarbe)
Großes Haargummi (transparent oder in Haarfarbe)
Toupierkamm oder -bürste
Lockenstab mit 2 cm Durchmesser
Haarspray

i-Tüpfelchen
Haarklemmen mit Blattdekor am Ansatz des Pferdeschwanzes betonen die Zöpfe.

Style-Tipp

Damit der Irokesenzopf in der Mitte schön füllig aussieht, werden die Haare vor dem Flechten toupiert. Die Seiten nicht toupieren: Hier sollen die Haare schmal am Kopf anliegen.

1 Mit dem dicken Lockenstab alle Haare in Beach Waves legen.

2 Die oberen Haare in drei Partien teilen, die mittlere ist 8–10 cm breit. Alle drei mit Clips aus dem Weg stecken.

Der Scheitel verläuft am hinteren Oberkopf von Ohr zu Ohr.

3 In jede abgeteilte Partie einen holländischen Zopf flechten, dann bis zu den Spitzen weiterflechten. Mit einem Haargummi fixieren.

Die Zöpfe etwas auflockern.

4 Die drei Zöpfe am Oberkopf mit einem Gummi zusammenbinden. Die Zöpfe ab Gummiband wieder lösen.

Die Haargummis durchschneiden, nicht herausziehen.

5 Den Pferdeschwanz toupieren. Das Gummi mit einer Strähne von der Unterseite des Pferdeschwanzes umwickeln. Die Haarspitzen mit dem dünneren Lockenstab in Wellen legen. Zuletzt alles mit Haarspray fixieren.

Style-Tipp

Die Strähne, die um den Pferdeschwanz gewickelt wird, unauffällig mit Bobby Pins fixieren.

DER FERTIGE LOOK

Lust auf Abwechslung?

Du kannst auch die gesamten Haare zum hohen Pferdeschwanz binden.

Festival-

PRINZESSIN

Diese romantische Frisur im Renaissance-Stil bekommt durch die hoch angesetzten ***seitlichen Knoten*** *das gewisse Etwas. Ob auf einem Fest mit historischem Motto, einem Rollenspiel oder in der City – in jeder Haarfarbe ein Hingucker! Die Wirkung steht und fällt mit dem Volumen.*

Schwierigkeitsgrad
einfach

Haarlänge (mindestens)
Schultern

Du brauchst
- Trockenshampoo
- Lockenstab mit 3–4 cm Durchmesser (oder mehr)
- Toupierkamm oder -bürste
- Bobby Pins
- Haarspray

i-Tüpfelchen
Ein Kettchen mit duftigen Federn ist mit einem Bobby Pin unter einem Knoten befestigt.

Style-Tipp

Damit die obere Partie der Frisur schön glatt sitzt, wird der Mittelscheitel mit dem Kamm gezogen. Ansonsten werden die Haare aber nur mit den Fingern geteilt, denn andere Scheitel sollen nicht zu sehen sein.

1 Die Seiten mit Trockenshampoo vorbehandeln, dann Beach Waves legen. Mit dem Kamm einen geraden Mittelscheitel ziehen.

Style-Tipp

Damit die Haare Volumen bekommen, eine gewellte Strähne an den Spitzen festhalten. Mit Daumen und Zeigefinger der anderen Hand behutsam toupieren.

2 Auf jeder Seite parallel zum Scheitel eine 5 cm breite Partie toupieren – aber nicht direkt am Haaransatz.

3 Auf jeder Seite in 5 cm Abstand zum Haaransatz einen dünnen Fischgrätenzopf flechten. Die Spitzen toupieren und besprühen, damit der Zopf nicht aufgeht.

4 Beiderseits des Scheitels am oberen Hinterkopf *messy buns* wickeln und mit Bobby Pins feststecken.

5 Die beiden Zöpfe auflockern, damit sie schön füllig aussehen.

6 Die Frisur mit Haarspray fixieren und die Locken aufkneten.

DER FERTIGE LOOK

i-Tüpfelchen

Mit einem zarten Kettchen wird der Burgfräulein-Look perfekt.

Style-Tipp

Exakte Scheitel, an denen die Kopfhaut durchscheint, sehen nicht immer schön aus. Für diese romantische Frisur werden die Haare mit den Fingern geteilt, damit sie locker und lässig sitzen.

ROYAL

Wedding

Dies ist ganz sicher keine Durchschnittsfrisur. Das Kunstwerk besteht aus ***gedrehten, geflochtenen und durchgezogenen Partien****. Lässig genug für einen Nachmittag im Park und fein genug für eine schicke Cocktailparty.*

Schwierigkeitsgrad
einfach

Haarlänge (mindestens)
Schulterblätter

Du brauchst
- Kleine Haargummis (transparent oder in Haarfarbe)
- Großes Haargummi (transparent oder in Haarfarbe)
- Bobby Pins
- Haarspray

i-Tüpfelchen
Ein seitlich eingeschobenes Schmuckkämmchen macht die Frisur noch romantischer.

1 In der Nähe des vorderen Haaransatzes vier einfache Zöpfe flechten. Jeden mit einem Haargummi fixieren. Dünne Haarsträhnen am Gesicht offen lassen.

2 Die Haare am Hinterkopf von Ohr zu Ohr teilen. Die obere Partie inklusive Zöpfe zu einem lockeren Pferdeschwanz binden. Die unteren Haare offen lassen.

3 Die Haare über dem Gummiband mit den Fingern teilen. Den Pferdeschwanz von unten nach oben durch die Öffnung ziehen.

4 Alle Haare – auch den Pferdeschwanz – fassen und zweimal verdrehen.

5 Die gedrehten Haare durch die Öffnung über dem Pferdeschwanz stecken. Dadurch entsteht eine Schlaufe.

6 Das lose Ende einmal verdrehen und waagerecht über die Schlaufe legen …

7 … und von links nach rechts durch die Schlaufe im Nacken ziehen. So entsteht ein verschlungener Knoten. Sorgfältig feststecken. Zu straffe Partien auflockern und zuletzt alles mit Haarspray fixieren.

i-Tüpfelchen

Kurze Blütenzweige von der Seite so in den Knoten stecken, dass sie etwas vom Kopf abstehen.

STIRN-band

*Romantisch, verträumt und ganz einfach ist diese Frisur mit Zöpfen, die **tief in der Stirn** sitzen. Ob deine Haare von Natur aus glatt, wellig oder lockig sind: Diese Frisur gelingt immer. Probier es einfach aus!*

Schwierigkeitsgrad
einfach

Haarlänge (mindestens)
Schulterblätter

Du brauchst
- Lockenstab mit 3–4 cm Durchmesser
- Haarclips
- 2 Extensions mit einem Clip (bei Bedarf)
- Kleine Haargummis (transparent oder in Haarfarbe)
- Bobby Pins
- Haarspray

i-Tüpfelchen
Zwei dekorative Spangen: eine über den Zöpfen, eine darunter.

Style-Tipp

Wie dick die Zöpfe werden, hängt auch von der Struktur deiner Haare ab. Aber keine Sorge, selbst wenn deine Haare fein und seidig sind, sieht das geflochtene Band bezaubernd aus.

1 Beach Waves legen. Die Haare am Oberkopf abteilen und aus dem Weg stecken.

2 Über jedem Ohr eine 5 cm breite Partie abteilen. (Wenn deine Haare sehr fein sind, kannst du sie mit Extensions verstärken).

3 In jede Partie einen einfachen Zopf flechten. Die Enden mit Haargummis fixieren.

4 Die beiden Zöpfe schön füllig auflockern.

5 Die Zöpfe quer über die Stirn legen. Die Enden mit Bobby Pins gut feststecken.

6 Die Oberkopfhaare lösen. Sie sollen zu allen Seiten herabfallen und die Ansätze der Zöpfe verdecken. Die Frisur mit Haarspray fixieren.

i-Tüpfelchen

Wer den Ethnostil mag, kann dünne Lederbänder über die Zöpfe legen und seitlich verknoten.

Style-Tipp

Frisuren im Boho-Style sehen am schönsten aus, wenn die Haare matt sind. Das lässt sich mit verschiedenen Produkten bewerkstelligen. Ins noch feuchte Haar Schaumfestiger oder eine Strukturlotion geben. Nach dem Trocknen können Trockenshampoo, Haarspray oder noch ein Klecks Schaumfestiger zum Einsatz kommen.

REISE-
lust

Weil für diese wunderbare, einfache Frisur keine besonderen Hilfsmittel nötig sind, eignet sie sich so gut für Reisen – ganz egal, in welchem Klima. Und das allerbeste: Sie sitzt auch perfekt, wenn die Haare nicht ganz frisch gewaschen sind.

Schwierigkeitsgrad
einfach

Haarlänge (mindestens)
Mittlerer Rücken

Du brauchst
Kamm oder Bürste
Bobby Pin
Kleine Haargummis (transparent oder in Haarfarbe)

i-Tüpfelchen
Den unteren Zopf kannst du mit kleinen Blüten schmücken.

1 Einen geraden Mittelscheitel ziehen.

2 Vom Haaransatz gerade nach hinten einen holländischen Zopf flechten, dabei nur von oben Haare hinzunehmen.

3 Etwa 3 cm hinter dem Ohr keinen neuen Haare mehr hinzunehmen. Mit einem einfachen Zopf fortfahren. Das Ende mit einem Bobby Pin fixieren.

4 Schritt 2 und 3 auf der anderen Seite wiederholen. Beide Zöpfe füllig auflockern.

5 Die Zöpfe mittig am Hinterkopf mit einem Haargummi zusammenfassen.

6 Alle Haare, auch die zusammengebundenen Zöpfe, im Nacken zusammenfassen und zu einem einfachen Zopf flechten. Am Ende mit einem Gummiband fixieren.

7 Die seitlichen Haare etwas lockern. Ums Gesicht einige dünne Strähnen herauszupfen. Den dicken Zopf breit auflockern.

DER FERTIGE LOOK

Lust auf Abwechslung?

Du kannst auch auf jeder Seite zwei parallele holländische Zöpfe flechten.

FÄCHER-
zopf

*Ob beim Sport oder am Nachmittag mit der Freundin: Mit diesem lässigen **Half-up** machst du immer eine gute Figur. Das breite Geflecht sieht aus wie ein **Fischgrätenzopf**, aber tatsächlich handelt es sich nur um einen stark aufgelockerten, einfachen Zopf. Ganz einfach und ohne besondere Hilfsmittel zu bewerkstelligen.*

Schwierigkeitsgrad
einfach

Haarlänge (mindestens)
Schulterblätter

Du brauchst
Kleines Haargummi (transparent oder in Haarfarbe)
Haarspray

i-Tüpfelchen
Ein Spitzenschal mit Fransen kann auch als Stirnband getragen werden.

Style-Tipp

Wenn deine Haare stufig geschnitten sind, schau dir die Variation an. Mit ihr lassen sich auch vorwitzige Haarspitzen gut im Zaum halten.

1 Die Haare durchkämmen, dann die vordere Partie abteilen und vom oberen Hinterkopf aus einen einfachen Zopf flechten. Das Ende mit einem Haargummi fixieren.

Das lose Ende sollte mindestens 15 cm lang sein.

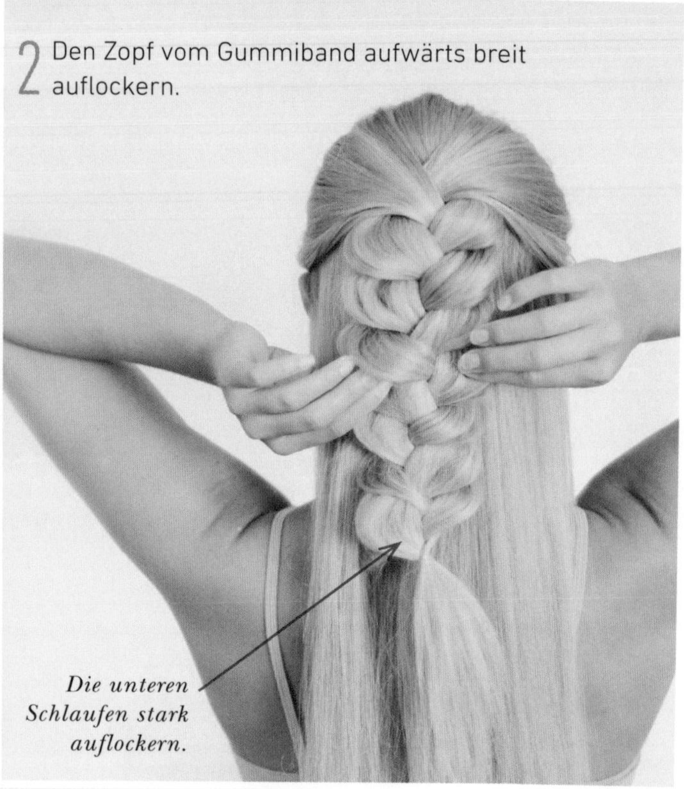

2 Den Zopf vom Gummiband aufwärts breit auflockern.

Die unteren Schlaufen stark auflockern.

3 Eine ganz schmale Partie vom Rand jeder Schlaufe erfassen und nochmals in die Breite ziehen. Zuletzt alles mit Haarspray fixieren.

Das lose Ende des Zopfs mit einer Hand festhalten und das Gummiband hochschieben. Dadurch wird der Zopf zusammengeschoben.

DER FERTIGE LOOK

Lust auf Abwechslung?

Ein Haargummi auf halber Höhe unterteilt den Zopf und bändigt kürzere Spitzen, die herausrutschen wollen.

Style-Tipp

Kürzere Strähnchen am Haaransatz dürfen gern heraushängen und das Gesicht weich umrahmen.

KETTEN-zopf

Wenn du die Haare seitlich gescheitelt trägst und gern ***asymmetrische*** *Frisuren magst, solltest du diesen Look probieren. Der Zopf sieht aus, als bestünde er aus* ***Kettengliedern.*** *Zu einem zarten, fließenden Kleid sieht diese Frisur wunderbar romantisch aus.*

Schwierigkeitsgrad
mittel

Haarlänge (mindestens)
Schulterblätter

Du brauchst
Haarclip (optional)
Großes Haargummi (transparent oder in Haarfarbe)
Bobby Pins
Kleines Haargummi (transparent oder in Haarfarbe)
Haarspray

i-Tüpfelchen
Weil der Zopf ganz tief im Nacken sitzt, kannst du zu dieser Frisur prima einen Hut tragen.

1 Die Haare gut durchkämmen. Am rechten unteren Haaransatzes eine 5 cm breite Strähne abteilen.

2 Direkt über dieser Strähne alle übrigen Haare mit einem Haargummi zu einem tiefen Pferdeschwanz zusammenbinden.

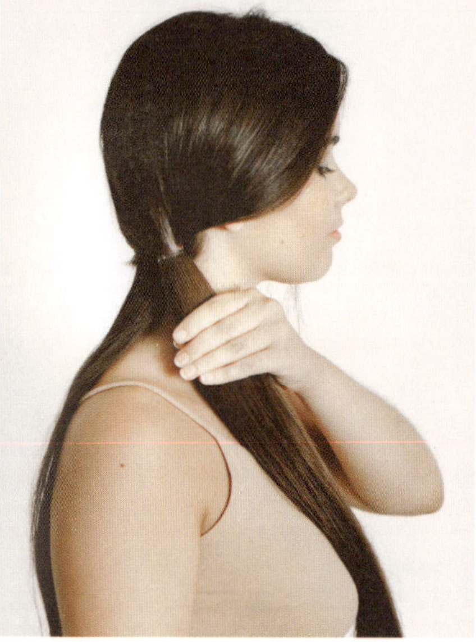

3 Die Strähne halbieren, um den Pferdeschwanz legen und auf seiner Vorderseite über dem Haargummi verknoten. Mit einem Bobby Pin fixieren.

4 Die Strähnen überkreuz nach hinten legen und überkreuz nach vorn, 3–4 cm tiefer noch einmal verknoten.

5 Die Strähnen auf der Rückseite des Pferdeschwanzes 3–4 cm tiefer verknoten.

6 Die Strähnen auf der Vorderseite des Pferdeschwanzes 3–4 cm tiefer verknoten.

7 Zwei dünne Strähnen von der Unterseite des Pferdeschwanzes abteilen und zu den geknoteten Strähnen hinzunehmen.

Neue und alte Strähnen verdrehen.

8 Weiter vorne und hinten verknoten bis zum Ende. Mit einem Haargummi fixieren.

9 Die »Kettenglieder« auflockern. An Stellen, an denen sie zu locker erscheinen, Bobby Pins einstecken. Zuletzt mit Haarspray fixieren.

DER FERTIGE LOOK

i-Tüpfelchen

Lässiger sieht die Frisur mit einem breiten Stirnband oder Tuch aus, unter dem seitlich der Pony herausschaut.

KNOTEN-
kranz

***Flechtkränze** müssen nicht immer dick und voluminös aussehen. Für diese Frisur werden vier **geknotete Zöpfe** zu einem Kranz um den Kopf angeordnet. Du kannst die Frisur ganz lässig zu Jeans tragen oder mit Haarschmuck oder Bändern für einen feierlichen Anlass aufpeppen.*

Schwierigkeitsgrad
mittel

Haarlänge (mindestens)
Mittlerer Rücken

Du brauchst
- Haarclips
- Kleine Haargummis (transparent oder in Haarfarbe)
- Bobby Pins
- Haarspray

i-Tüpfelchen
Ein Band, das durch die »Kettenglieder« geschlungen wird, betont den Kranz.

Style-Tipp

Wenn dein Haar glatt und seidig ist, knete vor dem Föhnen reichlich Schaumfestiger hinein. Dadurch wird es griffiger und die Knoten halten besser.

1 Die Haare mit den Fingern in vier Partien Teilen – zwei an den Seiten und zwei im Nacken – ohne dabei Scheitel zu ziehen. Die Partien mit Clips zusammenhalten.

2 Die rechte seitliche Partie lösen, halbieren und die beiden Strähnen miteinander lose mehrfach verknoten.

3 Dabei Abstände von 2–3 cm einhalten, bis die Haarspitzen erreicht sind.

4 Den geknoteten Zopf mit einem Haargummi fixieren.

5 Schritt 2 bis 4 mit den drei anderen Partien wiederholen.

6 Die beiden hinteren Zöpfe wie einen Haarreifen nach vorn über den Kopf legen.

7 Die Enden so verdrehen, dass die Haargummis gut versteckt sind. Mit Bobby Pins feststecken.

8 Die beiden seitlichen Zöpfe nach hinten führen und im Nacken übereinanderlegen. Mit Bobby Pins gut befestigen.

9 Die »Kettenglieder« auflockern und, falls nötig, mit Bobby Pins feststecken – mit Haarspray fixieren.

i-Tüpfelchen

Ausgehfein wird die Frisur mit einem zierlichen Kettchen mit dekorativen Anhängern.

Style-Tipp

Diese Frisur sieht am besten aus, wenn alle Zöpfe gleich lang sind. Wenn dein Haar vorne dünner oder insgesamt gestuft ist, hilft eine Clip-in-Extension (oder zwei an den Seiten).

LADY like

*Dieser **geflochtene Knoten** sieht unglaublich komplex aus, ist aber kinderleicht nachzumachen. Er besteht aus **vier ganz normalen Zöpfen,** die im Nacken miteinander verschlungen werden. Diese Kreation wird selbst Ungeübten auf Anhieb gelingen.*

Schwierigkeitsgrad
einfach

Haarlänge (mindestens)
Schulterblätter

Du brauchst
Haarclips
Großes Haargummi (transparent oder in Haarfarbe)
Kleine Haargummis (transparent oder in Haarfarbe)
Bobby Pins
Haarspray

i-Tüpfelchen
Wer es romantisch mag, kann kleine Blüten in die Zöpfe stecken. Schön für eine Sommerhochzeit!

1 Die Haare mit den Fingern in vier Partien teilen – zwei an den Seiten und zwei im Nacken –, ohne dabei sichtbare Scheitel zu ziehen. Die Partien im Nacken mit Haargummis fixieren, die Seiten klipsen.

2 Mit jeder der vier Partien einen einfachen Zopf flechten. Die Enden mit Haargummis fixieren.

3 Alle Zöpfe sowie die Haare am Oberkopf auflockern.

4 Die beiden hinteren Zöpfe im Nacken übereinanderlegen und mit Bobby Pins feststecken. Dabei sollen die Haargummis versteckt werden.

5 Die beiden seitlichen Zöpfe ebenfalls in den Nacken legen, über den vorherigen überkreuzen und sorgfältig mit Bobby Pins feststecken. Zuletzt die Frisur mit Haarspray fixieren.

DER FERTIGE LOOK

i-Tüpfelchen

Mit einem zierlichen Haarreifen mit Blattornamenten wirkt die Frisur noch feenhafter.

6 IDEEN FÜR SCHULTERLANGE HAARE

Die Flechtfrisuren in diesem Buch eignen sich nicht nur für superlange Haare. Selbst wenn die Haare nur bis zu den Schultern reichen, lassen sich mit etwas Einfallsreichtum und Geschick viele tolle Styles verwirklichen. Zum Beispiel diese.

KLEINER WASSERFALL
Für Wasserfallzöpfe müssen die Haare nicht besonders lang sein, vor allem, wenn man sie hoch ansetzt.

BOHO PUNK
Der Stirnzopf im Irokesenstil gelingt in fast allen Haarlängen und sieht in schulterlangem Haar frech aus.

BEST FRIENDS
In kürzerem Haar müssen die Zöpfe etwas straffer gezogen werden, um bis zum Hinterkopf zu reichen.

EINS UND EINS
Diese Kombination aus Knoten und dünnem Zopf gelingt auch, wenn die Haare nicht ganz so lang sind.

NIXENZOPF
Hier spielt die Haarlänge kaum eine Rolle, denn der Fischgrätenzopf ist ein Fake: Er wird aus Extensions geflochten.

FESTIVAL-PRINZESSIN
Ein Half-up mit Knoten sieht auch in schulterlangen Haaren gut aus, und zwei Knoten sind noch witziger.

WELLEN-
linie

*Für diesen **Half-up** mit einem **holländischen Zopf,** der sich in Bögen über den Hinterkopf zieht, brauchst du geschickte Hände. Weil die Frisur aber so elegant aussieht, lohnt es sich, ein bisschen Zeit zum **Üben** zu investieren.*

Schwierigkeitsgrad
anspruchsvoll

Haarlänge (mindestens)
Schulterblätter

Du brauchst
Lockenstab mit 3–4 cm Durchmesser
Kleine Haargummis (transparent oder in Haarfarbe)
Haarspray

Lust auf Abwechslung?
Du kannst die herabhängenden Haare unter dem rechten Ohr zum lockeren Knoten schlingen.

Style-Tipp

Wer am Oberkopf dünnere Haare hat, kann dort eine Clip-in-Extension befestigen. Sie wird in den holländischen Zopf eingeflochten und gibt der ganzen Frisur mehr Volumen.

1 Beach Waves legen. An der rechten Seite eine Partie abteilen und mit einem holländischen Zopf beginnen.

2 Den Zopf über die Seite zum Hinterkopf hin flechten und dabei nur von oben neue Haare hinzunehmen.

3 Wenn die linke Seite des Kopfs erreicht ist, im Bogen fortfahren, um die Richtung des Zopfs zu wechseln.

4 Beim Flechten in der Gegenrichtung wieder nur von oben neue Haare einflechten.

5 Den holländischen Zopf 5 cm vor dem rechten Ohr stoppen, dann mit einem einfachen Zopf fortfahren. Die Haarspitzen mit einem Haargummi fixieren. Alles mit Haarspray einsprühen.

DER FERTIGE LOOK

Lust auf Abwechslung?

Du kannst den losen Teil des Zopfs unter den oberen Teil des holländischen Zopfs schieben und dort feststecken.

Style-Tipp

Wer das Flechten mit fünf Strähnen lernt, wünscht sich eine dritte Hand. Es ist aber gar nicht nötig, ständig alle Strähnen separat festzuhalten. Nimm einfach alle Strähnen, die gerade nicht geflochten werden, in eine Hand und trenne sie, wenn du sie benötigst.

FÜNFER-
zopf

Wer Herausforderungen mag, sollte einmal diesen ***Zopf mit fünf Strähnen*** *ausprobieren. Weil die Haare über die Schulter nach vorn gelegt und dort geflochten werden, kann man es wenigstens gut sehen. Die* ***weiche, verträumte Wirkung*** *der Frisur ist auf jeden Fall die Mühe wert.*

Schwierigkeitsgrad
anspruchsvoll

Haarlänge (mindestens)
Mittlerer Rücken

Du brauchst
Trockenshampoo (optional)
Kamm
Kleine Haargummis (transparent oder in Haarfarbe)
Bobby Pins (optional)
Haarspray

i-Tüpfelchen
Eine Kette mit keltischen oder mittelalterlichen Schmuckelementen passt ausgezeichnet zu dieser Frisur.

1 Bei Bedarf die Haare mit Trockenshampoo behandeln, damit sie griffiger werden. Einen Seitenscheitel ziehen.

2 Auf der volleren Seite einen französischen Zopf flechten. Knapp hinter dem Ohr enden und ab da einen einfachen Zopf flechten.

3 An der anderen Seite des Scheitels eine kleine Partie abteilen, aufwärts drehen und am Hinterkopf mit dem Zopf zusammenbinden.

4 Alle Haare (mit dem Zopf) über eine Schulter nach vorn legen und in fünf gleichmäßige Strähnen teilen.

Falls nötig, Zopf und gedrehte Strähne mit einem Bobby Pin fixieren.

5 Die äußerste rechte Strähne nach links führen, dabei abwechselnd unter und über die weiteren Strähnen legen – ähnlich wie beim Weben.

6 Nun die äußerste linke Strähne des Zopfs ebenso nach rechts »weben«: abwechselnd unter und über die benachbarten Strähnen legen.

Drunter, drüber, Seitenwechsel, drunter, drüber, Seitenwechsel

7 Schritt 5 und 6 fortlaufend wiederholen. Das Ende mit einem Gummiband fixieren. Alles mit Haarspray besprühen.

Die äußeren Schlaufen können etwas aufgelockert werden.

DER FERTIGE LOOK

i-Tüpfelchen

Ein Haarreifen mit Blattornamenten, der um den Hinterkopf gelegt wird, betont die Flechtkreation.

Bubbles

*Wer einen Pferdeschwanz binden kann, wird mit dieser Frisur keine Schwierigkeiten haben. Die Haare werden mehrmals abgebunden, sodass **lockere »Blasen«** entstehen. Eine witzige, praktische Frisur für einen entspannten Tag mit guten Freunden.*

Schwierigkeitsgrad
einfach

Haarlänge (mindestens)
Mittlerer Rücken

Du brauchst
Großes Haargummi (transparent oder in Haarfarbe)
Bobby Pins
Toupierkamm
Haarspray

i-Tüpfelchen

Statt die Gummis mit Haaren zu umwickeln, kannst du den Zopf mit farbigem Band oder Lederkordeln aufpeppen.

Style-Tipp

Wer glatte, seidige Haare hat, gibt vor dem Föhnen Schaumfestiger ins feuchte Haar. So wird das Haar griffiger, die Frisur hält besser und bekommt mehr Volumen.

1 Die Haare durchkämmen und tief im Nacken mit einem Gummiband zu einem Pferdeschwanz zusammenbinden. Ums Gesicht herum einige Strähnen hängen lassen.

2 Auf der Unterseite des Pferdeschwanzes zwei dünne, aber lange Strähnen abteilen.

3 Die Strähnen um das Haargummi legen und auf dessen Oberseite einmal verknoten.

4 Die geknoteten Strähnen mit zwei Bobby Pins fixieren.

5 Den Pferdeschwanz (ohne die dünnen Strähnen) unter dem Gummi toupieren. 7–8 cm tiefer erneut mit einem Haargummi zusammenbinden.

6 Die dünnen Strähnen unter der Blase kreuzen, nach außen führen und um das neue Gummi legen.

7 Das Gummiband über die dünnen Strähnen ziehen, um sie zu fixieren. Schritt 2 bis 7 wiederholen. Die Blasen sollten ungefähr gleich groß sein.

8 Die Wicklungen etwas auflockern, damit sie fülliger wirken. Zuletzt die Frisur mit Haarspray fixieren.

DER FERTIGE LOOK

i-Tüpfelchen

Ausgehfein wird diese Frisur mit einem zierlichen Kettchen, das über den Kopf drapiert wird.

Style-Tipp

Für sehr griffiges Haar am besten Schaumfestiger ins feuchte Haar kneten und nach dem Trocknen (aber vor dem Flechten) zusätzlich Trockenshampoo oder Sprühwachs verwenden.

FLECHT-matrix

Mit dieser raffinierten Kreation sorgst du garantiert für Aufsehen. Sie besteht aus einem ***langen Fischgrätenzopf,*** *in den von den Seiten breite,* ***gedrehte Strähnen*** *eingeflochten werden. Etwas Übung im Flechten solltest du für diese Frisur besitzen.*

Schwierigkeitsgrad
anspruchsvoll

Haarlänge (mindestens)
Schulterblätter

Du brauchst
Bürste oder Kamm

Kleines Haargummi (transparent oder in Haarfarbe)

i-Tüpfelchen
Schmuckhaarklemmen, hier mit kleinen Schmetterlingen, lockern den strengen Look auf.

1 In der Mitte des Oberkopfs eine schmale Partie abteilen und damit einen 2–3 cm langen Fischgrätenzopf flechten. zwischendurch immer wieder etwas auflockern.

Wer einen Pony hat, nimmt die Haare unmittelbar dahinter.

2 Auf einer Seite des vorderen Haaransatzes eine Strähne abteilen, einige Male aufwärts verdrehen und zum Zopf hinzunehmen.

3 Auf der anderen Seite des vorderen Haaransatzes eine Strähne abteilen, einige Male aufwärts verdrehen und zum Zopf hinzunehmen.

4 Den Fischgrätenzopf weitere 3–5 cm flechten, ohne weitere Haare hinzuzunehmen.

5 Schritt 2 bis 4 wiederholen, bis der Nacken erreicht ist.

6 Den Fischgrätenzopf fortsetzen und das Ende mit einem Haargummi fixieren.

DER FERTIGE LOOK

Lust auf Abwechslung?

Du kannst auch den kleinen Fischgrätenzopf nach Schritt 4 fortsetzen und die übrigen Haare offen lassen.

ELFEN-
krone

Magst du Fantasy? Dann wird dir diese Frisur garantiert gefallen. Die dünnen Zöpfchen sind ganz ***einfach zu flechten,*** *werden dir aber bestimmt viele Komplimente einbringen.*

Schwierigkeitsgrad
einfach

Haarlänge (mindestens)
Mittlerer Rücken

Du brauchst
- Kamm
- Haarclip
- Bobby Pins
- Kleine Haargummis (transparent oder in Haarfarbe)
- Haarspray

i-Tüpfelchen
Viel edler sieht die Frisur aus, wenn du die Haargummis unter kleinem Haarschmuck versteckst.

Style-Tipp

Die zierlichen Zöpfe sehen am schönsten aus, wenn die losen Haare viel Volumen haben. Natürliche Wellen also keinesfalls glätten! Gib Schaumfestiger ins feuchte Haar und föhne sie mit einem Diffusor auf niedriger Stufe. Am besten lässt du den Kopf dabei vornüber hängen.

1 Auf dem Oberkopf eine 3 cm breite Partie abteilen und aus dem Weg stecken. Die übrigen Haare im Nacken zusammenbinden.

2 Mit der 3 cm breiten Strähne einen holländischen Zopf flechten, danach etwa 5 cm mit einem einfachen Zopf fortfahren. Mit einem Haargummi fixieren.

3 Die übrigen Haare lösen. Auf einer Seite unter dem holländischen Zopf eine Partie abteilen.

4 Einen einfachen Zopf flechten (also keine Haare hinzunehmen). Das Ende mit einem Bobby Pin fixieren.

5 Schritt 3 und 4 auf der anderen Seite wiederholen.

6 Die beiden Zöpfe etwa 5 cm unter dem Haargummi mit dem Mittelzopf zusammenfassen und mit einem neuen Haargummi fixieren.

Lust auf Abwechslung?

Du kannst die herabhängenden Haare zu einem breiten Fischgrätenzopf flechten. Schön breit auflockern!

7 Schritt 3 bis 6 noch einmal wiederholen, sodass zwei weitere dünne Zöpfe von den Seiten zur hinteren Mitte führen. Die fertige Frisur mit Haarspray fixieren.

Style-Tipp

Diese Frisur gelingt am besten, wenn die vorderen Haare nicht gestuft sind. Wer es trotzdem versuchen will, kann den Knoten höher ansetzen und kürzere Zöpfe flechten.

SPUR IM Sand

Dieses Geflecht sieht komplizierter aus, als es ist. Es besteht aus einem schmalen ***Fischgrätenzopf*** *und einem füllig aufgelockerten* ***holländischen Zopf****, die beide in einen tief im Nacken sitzenden,* ***lockeren Knoten*** *münden. Haarschmuck sollte dezent sein, damit er nicht vom raffinierten Flechtwerk ablenkt.*

Schwierigkeitsgrad
mittel

Haarlänge (mindestens)
Schulterblätter

Du brauchst
Haarclips
Kleine Haargummis (transparent oder in Haarfarbe)
Bobby Pins
Haarspray

i-Tüpfelchen
Dekorative Bobby Pins, dicht an dicht neben dem holländischen Zopf platziert, betonen die strenge Symmetrie dieser Frisur.

1 Über der Stirn eine handflächengroße Partie abteilen und aus dem Weg stecken.

2 Die übrigen Haare ab oberem Hinterkopf zu einem holländischen Zopf flechten. Mit einem Haargummi fixieren. Mindestens 15 cm bleiben ungeflochten.

3 Den Zopf so breit wie möglich auflockern, ohne dass er sich auflöst.

4 Nun mit der Strähne über der Stirn einen Fischgrätenzopf flechten. Das Ende mit einem Haargummi fixieren.

5 Den Fischgrätenzopf mittig über den holländischen Zopf legen und mit Bobby Pins unsichtbar feststecken.

6 Das offene Ende des holländischen Zopfs zum lockeren Knoten schlingen und mit Bobby Pins, die von außen zur Mitte eingeschoben werden, fixieren. Das Ende des Fischgrätenzopfs wird vom Knoten verdeckt. Alles mit Haarspray besprühen.

DER FERTIGE LOOK

Lust auf Abwechslung?
Statt des Fischgrätenzopfs kannst du auch einen einfachen Zopf flechten.

Pur &

SCHLICHT

Allen, die lieber schlichte Frisuren mögen, wird dieser ***gedrehte, asymmetrische Zopf*** *bestimmt gut gefallen. Die Frisur ist ideal, wenn du gerade den Pony wachsen lässt, weil die Haare aus der Stirn nach hinten genommen werden.*

Schwierigkeitsgrad
einfach

Haarlänge (mindestens)
Schulterblätter

Du brauchst
Bobby Pins

Kleine Haargummis (transparent oder in Haarfarbe)

Haarspray

1 Die Haare über der Stirn greifen und vom Gesicht weg verdrehen.

2 Regelmäßig kleine Partien vom Haaransatz dazunehmen und mit eindrehen.

3 Die gedrehte Partie feststecken. Dafür Bobby Pins von unten nach oben einschieben.

4 Die übrigen Haare in drei Strähnen teilen und einen einseitigen, einfachen Zopf flechten. Auf halber Länge mit einem Haargummi fixieren.

5 Den Zopf unter dem Gummi fortsetzen. Das Ende mit einem weiteren Gummi fixieren. Mit Haarspray einsprühen.

Style-Tipp

Wenn sich der Pony nicht gut verdrehen lässt, forme ihn zuerst um einen Lockenstab vom Gesicht weg schräg nach hinten.

BOHO
Muse

Diese romantische Frisur ist im Grunde eine Mogelpackung, denn was aussieht wie ein Zopf, wird ***gar nicht geflochten****. Darum eignet sich dieser Style besonders gut für* ***Einsteigerinnen.*** *Und dass er außerdem so gut hält, ist noch ein Grund mehr, ihn ins Repertoire aufzunehmen.*

Schwierigkeitsgrad
einfach

Haarlänge (mindestens)
Mittlerer Rücken

Du brauchst
Stielkamm
Großes Haargummi (transparent oder in Haarfarbe)
Kleine Haargummis (transparent oder in Haarfarbe)
Bobby Pins
Haarspray

i-Tüpfelchen
Bobby Pins mit Glitzersteinchen, einfach in die Gummis geschoben, veredeln die Frisur im Handumdrehen.

Style-Tipp

Der Trick besteht darin, möglichst viele Haare zu integrieren. Wenn du mit zu dünnen Strähnen anfängst, bekommt der Zopf kein gutes Volumen und man sieht die Haargummis. Also nicht zu weit vorne beginnen!

1 Einen Seitenscheitel ziehen. Auf der volleren Seite mit dem Stielkamm eine Partie abteilen und dicht an der Kopfhaut mit einem Haargummi fixieren.

2 Den ersten Pferdeschwanz mit einem Clip aus dem Weg stecken. Schräg darunter einen zweiten Pferdeschwanz ebenso abbinden.

3 Den ersten Pferdeschwanz lösen und die Haare in zwei Strähnen teilen.

4 Die Hälften um den hinteren Pferdeschwanz legen und unter dem Haargummi wieder zusammenführen.

5 Die Hälften mit einem Haargummi fixieren und die Schlaufe etwas auflockern.

6 Schräg unter dem zweiten Pferdeschwanz einen dritten ansetzen.

7 Den zweiten Pferdeschwanz in zwei Strähnen teilen. Hinter dem dritten Pferdeschwanz zusammenführen und mit einem Haargummi fixieren.

8 Schritt 3 bis 5 mit den beiden restlichen Partien wiederholen, ohne neue Pferdeschwänze abzubinden. Die Schlaufen auflockern und alles mit Haarspray einsprühen.

DER FERTIGE LOOK

Lust auf Abwechslung?

Feminin, aber mit einer Prise Punk wirkt die Frisur, wenn du den Zopf wie einen Irokesenkamm mittig aufbaust.

Style-Tipp

Keine Angst vor Stylingprodukten! Sprühwachs und Haarspray machen die Haare griffig, erleichtern das Flechten und geben der Frisur Halt.

LÄSSIG & chic

Eine einfache Flechtfrisur wirkt allein dadurch interessanter, dass man den Zopf ein bisschen ***variiert.*** *Das gilt auch für diesen Zopf, der mit seinem üppigen* ***Volumen*** *zu lässigen und edlen Outfits gleichermaßen mondän wirkt.*

Schwierigkeitsgrad
einfach

Haarlänge (mindestens)
Mittlerer Rücken

Du brauchst
Haarclips
Großes Haargummi (transparent oder in Haarfarbe)
Sprühwachs
Bobby Pins
Kleines Haargummi (transparent oder in Haarfarbe)
Haarspray

i-Tüpfelchen
Dazu passt ein gehäkeltes Stirnband mit mehreren Strängen. Die Knöpfe sind ein hübscher Akzent und sollten nicht versteckt werden.

1 Zwei schmalere Partien an den Seiten abteilen und mit Clips zusammenhalten.

2 Die breite hintere Partie im Nacken mit einem Haargummi zu einem Pferdeschwanz zusammenbinden. Den ganzen Pferdeschwanz mit Sprühwachs griffiger machen.

3 Die rechte vordere Partie lösen, über das Haargummi führen und mehrmals umwickeln, bis das Gummi verdeckt ist. Mit einem Bobby Pin fixieren.

4 Die linke vordere Partie lösen, über das Haargummi führen und mehrmals umwickeln. Das Ende unter der rechten Strähne mit einem Bobby Pin fixieren.

5 Den Pferdeschwanz locker zu einem einfachen Zopf flechten. Das Ende mit einem Haargummi fixieren.

6 Den Zopf sehr füllig auflockern und die einzelnen Strähnen zwischen den Fingern reiben, damit sie noch mehr Volumen bekommen. Die fertige Frisur mit Haarspray fixieren.

Style-Tipp

Durch das Reiben in Schritt 6 werden die Haare besonders gut aufgebauscht. Einfach jede Schlaufe zwischen Daumen und Zeigefinger reiben.

DER FERTIGE LOOK

i-Tüpfelchen

Für einen besonderen Anlass kannst du über dem Ansatz des Zopfs einen Reifen oder ein Kettchen befestigen.

Wild-
FANG

Bei dieser Frisur kommt eins zum anderen. Ein kurzer, locker geflochtener ***holländischer Zopf*** *ist nur der Anfang. Weil du mit diesem Style garantiert auffällst, solltest du dazu ganz selbstbewusst ein fetziges Outfit tragen oder beim Konzert laut mitsingen.*

Schwierigkeitsgrad
mittel

Haarlänge (mindestens)
Schulterblätter

Du brauchst
Lockenstab mit 3–4 cm Durchmesser
Haarclip
Großes Haargummis (transparent oder in Haarfarbe)
Kleine Haargummis (transparent oder in Haarfarbe)
Toupierkamm
Haarspray

i-Tüpfelchen
Ein dekorativer Clip mit schwingenden Federn ist ein zauberhaftes Accessoire für diese Frisur.

Style-Tipp

Diese Frisur lässt dir viel kreativen Spielraum. Du kannst den Irokesenzopf so dick oder dünn flechten, wie du magst, oder noch mehr dünne Zöpfchen hinzufügen.

1 Beach Waves legen. Mittig über der Stirn eine breite Partie abteilen. Die übrigen Haare mit Clips aus dem Weg stecken.

2 Mit der mittleren Partie einen holländischen Zopf flechten. Am hinteren Oberkopf enden und mit einem Haargummi fixieren.

3 Den Clip lösen. Vorne rechts einen dünnen einfachen Zopf flechten und das Ende mit einem Haargummi fixieren.

4 Ebenso vorne links einen einfachen Zopf flechten und mit einem Haargummi fixieren.

5 Die offenen Haare des holländischen Zopfs von unten auftoupieren.

6 Die seitlichen Zöpfe am Hinterkopf mit dem offenen Ende des holländischen Zopfs zusammenfassen und ein Haargummi umlegen.

7 Diese Haare noch einmal durch das Gummiband fädeln, aber nicht ganz durchziehen, sodass eine Schlaufe bilden.

8 Den holländischen Zopf breit auflockern.

9 Die Haare am Oberkopf weiter auflockern, dabei die Schlaufe festhalten. Die fertige Frisur mit Haarspray einsprühen.

DER FERTIGE LOOK

Lust auf Abwechslung?

Statt eine Schlaufe zu legen, kannst du die drei Zöpfe auch zusammen weiterflechten.

DIE AUTORINNEN

HEIDI MARIE GARRETT hat sich als Hair- und Make-up-Artist auf Hochzeiten und andere festliche Anlässe spezialisiert. Außerdem unterrichtet die diplomierte Kosmetikerin Kollegen aus der Schönheitsindustrie in verschiedenen speziellen Techniken. Obwohl sie in ihrer Kindheit gern Fußball und American Football gespielt hat, wusste sie schon früh, dass sie sich beruflich der Schönheit und vor allem dem Haarstyling widmen wollte. Nach Abschluss eines Wirtschaftsstudiums hat sie dieses Ziel avisiert und für ihre Kunden zahlreiche Reisen im In- und Ausland unternommen. Von 2013 bis 2015 war sie an mehreren freiwilligen Einsätzen in Kambodscha beteiligt und hat einheimische Frauen ausgebildet. An ihrem Beruf liebt Heidi besonders den direkten Kontakt mit Menschen, denen sie gern hilft, ihr Potenzial zu entdecken – entweder um ihre eigene, individuelle Schönheit zu betonen oder um Friseuren neue Frisiertechniken zu vermitteln. Mit ihrem Mann Joshua lebt sie im Süden Kaliforniens.

KATIE ROSSI ist seit zehn Jahren als Kosmetikerin tätig. Ihre Begeisterung für Flechtfrisuren entdeckte sie, als ihre älteste Tochter Abella eingeschult wurde. Jeden Tag machte sie ihr eine andere Frisur und entwickelte bald den Ehrgeiz, sich niemals zu wiederholen. Und weil Mitschülerinnen und Eltern immer gespannt auf die nächste Kreation waren, begann sie bald, das Flechten zu dokumentieren und im Internet zu veröffentlichen. Im Handumdrehen hatte sie eine große Zahl begeisterter Follower. Es macht Katie große Freude, interessierten Personen das Flechten zu erklären, und sie möchte gern Menschen jeden Alters anregen, ihre eigene Kreativität zu entdecken und immer etwas dazuzulernen. Katie lebt in Arroyo Grande in Kalifornien.

DANK

HEIDI MARIE GARRETT:

Dieses Buch hat mir die Möglichkeit gegeben, viele Aspekte meines beruflichen und privaten Lebens einfließen zu lassen. Ich danke dem Lektorat, der Grafik, dem Verlag, meiner Mitautorin, den Models und allen anderen, die zur Entstehung dieses Buchs beigetragen haben. Großen Dank schulde ich einer Freundin, die mich vor vielen Jahren ermutigt hat, Haar-Tutorials in meinem Badezimmer aufzunehmen. Vielen Dank an meine Eltern, meine übrige Familie und viele gute Freunde, die mich seit meiner Kindheit auf meinem Weg unterstützt haben – manchmal vielleicht, ohne dass es ihnen bewusst war. Danke an meinen Mann, der mich sehr gut kennt, mich verrückt spielen lässt und dabei aufpasst, dass ich nicht verrückt werde. Ich liebe dich.

KATIE ROSSI:

Allen voran möchte ich den großartigen Frauen danken, die zur Entstehung dieses Buchs beigetragen haben: meiner Mitautorin Heidi, der ich wertvolle Impulse verdanke, den Lektorinnen Nathalie Mornu und Kayla Dugger, Art-Direktorin und Designerin Becky Batchelor und der Fotografin Katherine Scheele. Vielen Dank an die tollen Models: Es war eine Freude, mit euch zu arbeiten. Danke an meinen Mann Ryan, den Vater unserer beiden tollen Kinder, der mich in allem, was ich tue, unterstützt. Danke an meine Mutter Jan, von der ich viel gelernt habe und auf die ich mich immer verlassen kann. Danke an meinen Vater Douglas und meine Schwester Heather, die – wie ich – gern fotografieren und mich entscheidend vorangebracht haben. Danke an meine Großmutter Nancy, von der mein kreatives Gen stammt. Ganz großen Dank verdienen meine Töchter Abella und Charlie, die mir mit Engelsgeduld ihre Köpfe zum Flechten geliehen haben.

DANK DES HERAUSGEBERS:

Der Herausgeber dankt Lexy und Katherine Scheele für die Mitwirkung bei der Beschaffung von Kleidung. Vielen Dank auch an die Models, die in diesem Buch zu sehen sind: Alexandra Elliott, Amanda Matthews, Amanda Naaman, Victoria Olson, Josie Sanders, Lexy Scheele, Christina Taylor und Rachel Wood. Besonderer Dank gebührt Josie Sanders, die geholfen hat, Namen für die Styles zu finden.

Für DK Indianapolis:
Programmleitung Mike Sanders, Billy Fields
Lektorat Nathalie Mornu, Kayla Dugger
Gestaltung Rebecca Batchelor
Herstellung Brian Massey
Fotos Katherine Scheele

Für die deutsche Ausgabe:
Programmleitung Monika Schlitzer
Redaktionsleitung Anne Heinel
Projektbetreuung Natascha Probst, Doreen Wolff
Herstellungsleitung Dorothee Whittaker
Herstellungskoordination Ksenia Lebedeva
Herstellung Inga Reinke

Titel der englischen Originalausgabe:
Boho Braids

Übersetzung aus dem Englischen Wiebke Krabbe, Damlos
Lektorat und Satz lesezeichen Verlagsdienste, Köln

ISBN 978-3-8310-3739-1

Druck und Bindung Leo Paper Products Ltd, China

www.dorlingkindersley.de